BUBORÉKOK ÉS FARAPÁSOK: A PROSECCO VÉGREHAJTÁSA

Növelje kulináris élményét 100 Prosecco-val átitatott finomsággal

Liza Somogyi

szerzői jog Anyag ©2024

Minden jogok Fenntartott

Nem buli nak,-nek ez könyv lehet imádkozik használt vagy továbbított ban ben Bármi forma vagy város Bármi eszközök nélkül a megfelelő írott beleegyezés nak,-nek a kiadók szellem szerzői jog tulajdonos, kivéve számára rövid idézetek használt ban ben a felülvizsgálat. Ez könyv kellene jegyzet imádkozik figyelembe vett a helyettes számára orvosi, jogi, vagy Egyéb szakmai tanács.

TARTALOMJEGYZÉK

TARTALOMJEGYZÉK..3
BEVEZETÉS...7
REGGELI ÉS BRUNCH...9
1. Prosecco palacsinta..10
2. Prosecco gyümölcssaláta..12
3. Prosecco francia pirítós..14
4. Prosecco Joghurt Parfé...16
5. Prosecco bogyós palacsinta..18
6. Prosecco Reggeli Quinoa..21
7. Prosecco gofri..23
8. Mini Prosecco palacsintahalmok...25
9. Sült Prosecco fánk..28
10. Prosecco kenyér..31
11. Prosecco francia pirítós..34
12. Prosecco éjszakai zab..36
13. Prosecco tojáscsészék..38
14. Prosecco pogácsa..40
15. Prosecco Reggeli Quiche..43
SNACKS...45
16. Bruschetta Prosecco redukcióval..46
17. Prosecco pácolt olajbogyó..48
18. Prosecco garnélanyárs...50
19. Kecskesajttal töltött gomba...52
20. Prosecco Ceviche..54
21. Prosecco buggyantott körte...56
22. Prosecco gyümölcsnyársak..58
23. Prosecco Popcorn...60
24. Prosecco Guacamole..62
25. Prosecco Bruschetta...64
26. Prosecco töltött eper..66

27. Prosecco uborkafalatok...68
28. Prosecco Trail Mix..70
29. Prosecco Energy Bites...72
FŐÉTEL..74
30. Prosecco Risotto garnélával......................................75
31. Prosecco Chicken Piccata...78
32. Lazac pirított magvakkal és prosecco-val..................81
33. Prosecco Bolognai tészta..84
34. Prosecco gombás rizottó...87
35. Csirke Pomodoro és Prosecco szósszal....................90
36. Prosecco párolt marhahús rövid borda.....................93
37. Prosecco pácolt grillezett csirke................................96
DESSZERT...98
38. Prosecco torta..99
39. Prosecco sajtfondü..103
40. Prosecco Granita..105
41. Barack és Prosecco Pavlova..................................107
42. Pezsgős panna cotta bogyós gyümölcsökkel.........109
43. Epres pezsgő szorbet...112
44. Eper és Prosecco Pate de Fruit..............................114
45. Prosecco Vodka Szőlő..117
46. Prosecco infúziós méz..119
47. Pink Prosecco gumimaci p.....................................121
48. Mimóza gyümölcssaláta..123
49. Prosecco Macarons..125
50. Prosecco fagylalt..129
51. Prosecco gyümölcssaláta.......................................132
52. Áfonya - Prosecco reggeli torta..............................134
53. Klasszikus Prosecco torta......................................137
54. Prosecco Cupcakes..142
55. Vérnarancsos Prosecco torta.................................145
56. Prosecco Mousse...148
57. Prosecco sajttorta rudak...150
58. Prosecco tortatekercs...153
59. Prosecco Popsicles..157

60. Prosecco Granita..159
61. Őszibarack és bogyó a Prosecco-ban.........................162
62. Prosecco buggyantott körte....................................164
63. Prosecco Bogyó Parfé..166
64. Prosecco és málnazselé..168
65. Prosecco és Lemon Posset......................................170
66. Prosecco Tiramisu..172
FŰSZEREK..174
67. Prosecco és Peach Salsa...175
68. Prosecco Jelly..177
69. Prosecco mustár...179
70. Prosecco vaj..181
71. Prosecco citromtúró..183
72. Prosecco Aioli...185
73. Prosecco mézes mustár..187
74. Prosecco gyógynövényvaj......................................189
75. Prosecco Salsa Verde...191
koktélok...193
76. Aperol Spritz...194
77. Prosecco és narancslé Mimosas................................196
78. Hibiszkusz Spritz...198
79. Pezsgőöszvérek..200
80. Hugo...202
81. Prosecco Mojito...204
82. Sgroppino...206
83. Prosecco Bellini...208
84. Prosecco Margarita...210
85. Prosecco Ginger Fizz...212
86. Prosecco French 75...214
87. Prosecco gránátalmás puncs....................................216
88. Rubin és rozmaring Prosecco koktél.........................218
89. Prosecco bodzavirág koktél....................................221
90. Rózsaszín grapefruit koktél....................................223
91. Prosecco ananászsorbet úszó...................................225
92. Málnás limonádé Koktél..227

93. Narancs szorbet Koktél..229
94. Bodzavirág vérnarancs Koktél......................................231
95. Prosecco és narancslé Koktél..233
96. Maracuja Koktél..235
97. Őszibarack Prosecco koktél..237
98. Ananász Prosecco koktél..239
99. Prosecco Sangria..241
100. Eper Prosecco koktél..243
KÖVETKEZTETÉS..245

BEVEZETÉS

Üdvözöljük a "BUBORÉKOK ÉS FARAPÁSOK: A PROSECCO VÉGREHAJTÁSA" oldalán! Ezen a kulináris utazáson felfedezzük a Prosecco elragadó világát és hihetetlen sokoldalúságát a konyhában. Pezsgő buborékaival és élénk ízeivel a Prosecco eleganciát és kifinomultságot kölcsönöz minden általa díszített ételnek. A reggelitől a harapnivalókig, a főételekig és még a fűszerezésig feltárjuk a Prosecco titkait kedvenc receptjeibe, így kulináris alkotásait új magasságokba emeljük.

Ebben a szakácskönyvben gondosan összeállított receptek gyűjteményét találja, amelyek bemutatják a Prosecco egyedi tulajdonságait, és kiemelik az ízek széles skálájának fokozására való képességét. Minden receptet precízen dolgoztak ki, részletes összetevőmérést és lépésről lépésre szóló utasításokat adva, hogy sikeres legyen a konyhában. Akár különleges alkalomnak ad otthont, akár csak egy csillogást szeretne adni mindennapi étkezéseihez, ez a szakácskönyv inspirációt ad a Prosecco-val átitatott ételek csodálatos világának felfedezésére.

Fogjon hát egy üveg kedvenc Prosecco-ját, vegye fel kötényét, és készüljön egy kulináris kalandra, amely elkápráztatja ízlelőbimbóit, és lenyűgözi vendégeit. A villásreggeli koktéloktól az ínyenc vacsorákig a lehetőségek végtelenek, ha Prosecco-val átitatott alkotásokról van szó.

Nyomjuk ki a parafát, és merüljünk el a „Bubbles and Bites: The Prosecco Cookbook" világában!

REGGELI ÉS BRUNCH

1. Prosecco palacsinta

ÖSSZETEVŐK:

- 1 csésze univerzális liszt
- 1 evőkanál cukor
- 1 teáskanál sütőpor
- $\frac{1}{4}$ teáskanál só
- 1 csésze Prosecco
- $\frac{1}{4}$ csésze tej
- 1 tojás
- 2 evőkanál olvasztott vaj

UTASÍTÁS:

a) Egy nagy keverőtálban keverjük össze a lisztet, a cukrot, a sütőport és a sót.

b) Egy külön tálban keverje össze a Prosecco-t, a tejet, a tojást és az olvasztott vajat. Jól összekeverni.

c) A nedves hozzávalókat a száraz hozzávalókhoz öntjük, és addig keverjük, amíg össze nem áll. Ne keverje túl; néhány csomó rendben van.

d) Melegítsen fel egy tapadásmentes serpenyőt vagy serpenyőt közepes lángon, és enyhén kenje meg vajjal vagy főzőpermettel.

e) Minden palacsintához öntsön $\frac{1}{4}$ csésze tésztát a serpenyőbe.

f) Addig sütjük, amíg buborékok keletkeznek a felületen, majd megfordítjuk, és a másik oldalát is aranybarnára sütjük.

g) Tálalja a Prosecco palacsintákat kedvenc feltéteivel, például friss bogyókkal, tejszínhabbal vagy juharsziruppal.

2. Prosecco gyümölcssaláta

ÖSSZETEVŐK:
- 2 csésze vegyes friss gyümölcs (például eper, áfonya, málna és szeletelt őszibarack)
- ½ csésze Prosecco
- 1 evőkanál méz
- Friss mentalevél díszítéshez

UTASÍTÁS:
a) Egy nagy tálban keverjük össze a friss gyümölcsöt.
b) Egy külön tálban keverje össze a Prosecco-t és a mézet, amíg jól össze nem keveredik.
c) Öntse a Prosecco keveréket a gyümölcsre, és óvatosan dobja rá, hogy bevonja.
d) Hagyja állni a gyümölcssalátát körülbelül 10 percig, hogy az ízek összeérjenek.
e) Díszítsük friss mentalevéllel, és hűtve tálaljuk.

3. Prosecco francia pirítós

ÖSSZETEVŐK:

- 4 szelet kenyér (például briós vagy francia kenyér)
- ¾ csésze Prosecco
- ¼ csésze tej
- 2 tojás
- 1 evőkanál cukor
- ½ teáskanál vanília kivonat
- Vaj főzéshez
- Porcukor a porozáshoz (opcionális)
- Friss bogyók a tálaláshoz (opcionális)

UTASÍTÁS:

a) Egy sekély edényben keverjük össze a Prosecco-t, a tejet, a tojást, a cukrot és a vaníliakivonatot.

b) Melegíts fel egy tapadásmentes serpenyőt vagy rácsot közepes lángon, és olvassz fel egy csipet vajat.

c) Mártson minden szelet kenyeret a Prosecco keverékbe, hagyja, hogy mindkét oldala néhány másodpercig ázzon.

d) Helyezze a beáztatott kenyeret a serpenyőbe, és mindkét oldalát aranybarnára süsse, oldalanként körülbelül 2-3 percig.

e) Ismételje meg a többi szelet kenyérrel, szükség szerint adjon hozzá még vajat.

f) Kívánság szerint porcukorral meghintjük a Prosecco francia pirítóst, és friss bogyós gyümölcsökkel tálaljuk.

4. Prosecco Joghurt Parfé

ÖSSZETEVŐK:

- 1 csésze görög joghurt
- 2 evőkanál méz
- ½ teáskanál vanília kivonat
- 1 csésze granola
- 1 csésze vegyes friss bogyós gyümölcsök
- ¼ csésze Prosecco

UTASÍTÁS:

a) Egy kis tálban keverjük simára a görög joghurtot, a mézet és a vaníliakivonatot.

b) A tálaló poharakba vagy tálakba rétegezzük a görög joghurtos keveréket, a granolát, a friss bogyókat és egy csepp Prosecco-t.

c) A rétegezést addig ismételjük, amíg az összetevőket el nem használjuk, a végén egy kanál görög joghurttal és egy granola szórással fejezzük be.

d) Azonnal tálaljuk finom Prosecco-infúziós joghurt parféként.

5. Prosecco bogyós palacsinta

ÖSSZETEVŐK:

A KREPSZEKHEZ:
- 1 csésze univerzális liszt
- 2 tojás
- ½ csésze tej
- ½ csésze Prosecco
- 1 evőkanál cukor
- ¼ teáskanál só
- Vaj főzéshez

A TÖLTETÉSHEZ:
- 1 csésze vegyes friss bogyós gyümölcsök
- ¼ csésze Prosecco
- 2 evőkanál porcukor

UTASÍTÁS:

a) Turmixgépben keverje össze a lisztet, a tojást, a tejet, a Prosecco-t, a cukrot és a sót. Keverjük simára.

b) Melegítsen fel egy tapadásmentes serpenyőt vagy kreppserpenyőt közepes lángon, és kenje meg enyhén vajjal.

c) Öntsön ¼ csésze krepptésztát a serpenyőbe, és forgassa meg, hogy vékony, egyenletes réteget képezzen.

d) Körülbelül 2 percig főzzük a palacsintát, amíg a szélei el nem kezdenek emelkedni, az alja pedig enyhén aranybarna nem lesz. Megfordítjuk, és a másik oldalát még egy percig sütjük.

e) Ismételje meg a maradék tésztával, szükség szerint kenje meg a serpenyőt vajjal.

f) Egy kis serpenyőben az összekevert friss bogyókat, a Prosecco-t és a porcukrot alacsony lángon addig melegítjük, amíg a bogyók kiengedik a levüket, és a keverék kissé besűrűsödik.

g) Minden palacsintára kanalazzuk a bogyós tölteléket, és háromszög alakúra hajtjuk, vagy feltekerjük.

h) A Prosecco bogyós palacsintákat melegen, szükség szerint porcukorral megszórva tálaljuk.

6. Prosecco Reggeli Quinoa

ÖSSZETEVŐK:

- 1 csésze quinoa
- 2 csésze Prosecco
- 1 csésze tej
- 2 evőkanál méz
- ½ teáskanál vanília kivonat
- Friss bogyók és apróra vágott dió a feltéthez

UTASÍTÁS:

a) Öblítse le a quinoát hideg víz alatt, amíg a víz tiszta nem lesz.

b) Egy serpenyőben forraljuk fel a Proseccót. Adjuk hozzá a leöblített quinoát, és mérsékeljük a lángot.

c) Fedjük le a serpenyőt, és pároljuk körülbelül 15-20 percig, amíg a quinoa megpuhul, és a Prosecco felszívódik.

d) Egy külön serpenyőben melegítse fel a tejet, a mézet és a vaníliakivonatot, amíg át nem melegszik.

e) Ha a quinoa megfőtt, öntsük rá a tejes keveréket, és jól keverjük össze.

f) Tálald a Prosecco reggeli quinoát tálakba, és tedd a tetejére friss bogyókat és apróra vágott diót.

7. Prosecco gofri

ÖSSZETEVŐK:

- 2 csésze univerzális liszt
- 2 evőkanál kristálycukor
- 1 evőkanál sütőpor
- ½ teáskanál só
- 2 nagy tojás
- 1¾ csésze narancslé
- ¼ csésze sózatlan vaj, olvasztott
- ¼ csésze Prosecco
- 1 narancs héja

UTASÍTÁS:

a) Egy keverőtálban keverjük össze a lisztet, a cukrot, a sütőport és a sót.

b) Egy külön tálban verjük fel a tojásokat. Hozzáadjuk a narancslevet, az olvasztott vajat, a Prosecco-t és a narancshéjat. Jól összekeverjük.

c) A nedves hozzávalókat a száraz hozzávalókhoz öntjük, és addig keverjük, amíg össze nem áll.

d) Melegítse elő a gofrisütőt, és enyhén kenje meg.

e) A tésztát az előmelegített gofrisütőre öntjük, és a gyártó utasításai szerint készre sütjük.

f) A Prosecco gofrit porcukorral és friss narancsszeletekkel megszórva tálaljuk.

8. Mini Prosecco palacsintahalmok

ÖSSZETEVŐK:
PALCSÁTA:
- 2 csésze Bisquick Complete palacsinta és gofri keverék
- ⅔ csésze friss narancslé
- ⅔ csésze víz

Prosecco KRÉM:
- ½ csésze mascarpone sajt
- 1 közepes narancs reszelt héja
- 5 evőkanál porcukor
- ½ csésze Prosecco
- ⅓ csésze tejszínhab

feltétek:
- 4-6 evőkanál narancslekvár
- Díszítésnek narancshéj

UTASÍTÁS:
a) Melegíts fel egy serpenyőt vagy serpenyőt közepesen magas hőfokon (375°F), és kend be növényi olajjal.

b) Egy közepes tálban habverővel felverjük a palacsinta hozzávalóit. Egy evőkanál vagy kis fagylaltkanállal öntsd a masszát a forró serpenyőre, és formálj mini palacsinta köröket. Addig főzzük, amíg buborékok fel nem törnek a felszínen, majd fordítsuk meg és süssük aranybarnára. Tegye át a palacsintákat egy hűtőrácsra.

c) Egy kis tálban elektromos habverővel közepes sebességgel habosra keverjük a mascarpone sajtot, a narancshéjat és a porcukrot. Csökkentse alacsony sebességre, és óvatosan keverje bele a Prosecco-t simára. Egy másik kis tálban verje fel a tejszínhabot nagy sebességgel, amíg kemény csúcsok nem lesznek. A tejszínhabot egy spatula segítségével óvatosan a mascarponés keverékhez keverjük.

d) Palacsintaköteg összeállításához tegyen egy mini palacsintát egy tányérra vagy tálalótálra. A palacsintát megkenjük narancslekvárral. Ismételje meg még két palacsintával és lekvárral. A tetejét megkenjük Prosecco krémmel, és narancshéjjal díszítjük.

9. Sült Prosecco fánk

ÖSSZETEVŐK:
FÁNK:
- 3 csésze liszt
- 2 teáskanál sütőpor
- ½ teáskanál tengeri só
- 4 tojás
- ¾ csésze olvasztott vaj
- 1 csésze cukor
- ½ csésze Prosecco
- 1 teáskanál vanília kivonat
- 2 nagy köldök narancs héja és leve

ZOMÁNC:
- 6 evőkanál Prosecco
- 2 csésze átszitált porcukor
- 1 narancs héja

UTASÍTÁS:
a) Melegítse elő a sütőt 350 Fahrenheit fokra (175 Celsius fok). Egy fánkformát kivajazunk.

b) Egy nagy tálban keverjük össze a lisztet, a sütőport, a tengeri sót és a narancshéjat.

c) Egy másik tálban keverjük össze a cukrot, a tojást, a Prosecco-t, a narancslevet, az olvasztott vajat és a vaníliakivonatot.

d) Adjuk hozzá a nedves hozzávalókat a száraz hozzávalókhoz, és keverjük addig, amíg a tészta sima nem lesz, és nem marad száraz zseb.

e) Tegye át a tésztát egy cukrászzacskóba vagy egy cipzáras zacskóba úgy, hogy az egyik sarkát levágja. A masszát az előkészített fánkformába öntjük.

f) Süssük a fánkokat körülbelül 15 percig, vagy amíg a tetejük meg nem szilárdul. A teteje nem lehet barna. Egy fánk alját megnézheted, hogy megpirult-e.

g) Vegye ki a fánkokat a serpenyőből, és hagyja szobahőmérsékletűre hűlni.

h) Közben elkészítjük a mázat a Prosecco, az átszitált porcukor és a narancshéj összekeverésével.

i) Ha kihűlt a fánk, mindegyiket mártsuk a mázba. Hagyjuk megszilárdulni a mázat, majd ismét mártsuk bele a fánkokat dupla mázhoz.

j) Élvezze ezeket az elragadó Baked Prosecco fánkokat, friss narancslével, héjával és pezsgő Prosecco-val ízesítve! Tökéletes csemege desszertnek vagy különleges reggelinek.

10. Prosecco kenyér

ÖSSZETEVŐK:

- 2 csésze liszt
- 2 teáskanál szódabikarbóna
- ½ teáskanál só
- 2 tojás
- ¼ csésze olvasztott vaj
- 1 csésze cukor
- ½ csésze Prosecco
- ⅓ csésze tejföl
- ¼ csésze narancslé
- 1 evőkanál narancshéj
- Jegesedés:
- ½ csésze porcukor
- ½ - 1 evőkanál Prosecco
- ½ evőkanál narancshéj

UTASÍTÁS:

a) Melegítsük elő a sütőt 175 C-ra (350 F) és kenjünk ki egy kenyérsütőformát.

b) Egy kis tálban keverjük össze a lisztet, a szódabikarbónát és a sót. Félretesz, mellőz.

c) Egy nagy keverőtálban keverjük össze a tojásokat, az olvasztott vajat és a cukrot. Adjuk hozzá a Prosecco-t, a tejfölt, a narancslevet és a narancshéjat.

d) Lassan adjuk hozzá a száraz hozzávalókat a nedves hozzávalókhoz, és keverjük össze.

e) Helyezze a tésztát az előkészített tepsibe, és süsse 55-60 percig, vagy amíg a közepébe szúrt fogpiszkáló tisztán ki nem jön.

f) Hagyja teljesen kihűlni a cipót, mielőtt beborítaná.

g) Egy kis tálban keverjük simára a cukormáz hozzávalóit. A kihűlt cipóra rákenjük a cukormázt.

h) Élvezze ezt az elbűvölő Prosecco kenyeret, amelyet a Prosecco és a narancshéj ízei átitatnak! Tökéletes csemege villásreggelire, reggelire vagy bármikor, amikor egy finoman nedves és citrusos kenyérre vágyik.

11. Prosecco francia pirítós

ÖSSZETEVŐK:

- 6 szelet vastag kenyér (pl. briós vagy challa)
- 4 nagy tojás
- ½ csésze narancslé
- ¼ csésze Prosecco
- ¼ csésze tej
- 1 evőkanál narancshéj
- ½ teáskanál vanília kivonat
- Vaj a sütéshez
- Porcukor a porozáshoz
- Friss bogyók öntethez
- Juharszirup a tálaláshoz

UTASÍTÁS:

a) Egy sekély edényben keverjük össze a tojást, a narancslevet, a Prosecco-t, a tejet, a narancshéjat és a vaníliakivonatot.

b) Mártson bele minden szelet kenyeret a keverékbe, hagyja, hogy mindkét oldala néhány másodpercig ázzon.

c) Melegíts elő egy nagy serpenyőt közepes lángon, és adj hozzá egy kevés vajat, hogy bevonja a serpenyőt.

d) A beáztatott kenyérszeleteket mindkét oldalukon aranybarnára és ropogósra sütjük.

e) Tegye a francia pirítóst a tálaló tányérokra, szórja meg porcukorral, és tegye meg friss bogyós gyümölcsökkel.

f) Az oldalára juharsziruppal tálaljuk.

12. Prosecco éjszakai zab

ÖSSZETEVŐK:
- 1 csésze hengerelt zab
- 1 csésze narancslé
- ½ csésze görög joghurt
- ¼ csésze Prosecco
- 1 evőkanál méz
- 1 teáskanál narancshéj
- Szeletelt friss gyümölcsök öntethez (tölgy, narancs, bogyók)
- Pirított mandula vagy dió a ropogtatáshoz (opcionális)

UTASÍTÁS:
a) Egy tálban keverjük össze a hengerelt zabot, a narancslevet, a görög joghurtot, a Prosecco-t, a mézet és a narancshéjat.
b) Jól keverje össze, hogy az összes összetevő teljesen összeolvadjon.
c) Fedjük le a tálat műanyag fóliával vagy fedővel, és tegyük hűtőbe egy éjszakára.
d) Reggel keverje fel a zabot, és ha szükséges, adjon hozzá egy csepp narancslevet vagy joghurtot a konzisztencia beállításához.
e) Tetejét szeletelt friss gyümölccsel és pirított dióval tehetjük meg, ha szükséges.

13. Prosecco tojáscsészék

ÖSSZETEVŐK:

- 6 szelet főtt szalonna
- 6 nagy tojás
- $\frac{1}{4}$ csésze narancslé
- $\frac{1}{4}$ csésze Prosecco
- Só és bors ízlés szerint
- Friss metélőhagyma a díszítéshez

UTASÍTÁS:

a) Melegítsd elő a sütőt 190°C-ra (375°F). Egy muffinsütőt kivajazunk, vagy használjunk szilikon muffincsészéket.

b) Minden poharat kibélelünk egy szelet főtt szalonnával, kört formálva.

c) Egy kis tálban keverjük össze a tojást, a narancslevet, a Prosecco-t, a sót és a borsot.

d) Öntse a tojásos keveréket minden szalonnával bélelt csészébe, körülbelül ⅔-ig töltve.

e) Előmelegített sütőben 15-18 percig sütjük, vagy amíg a tojás megpuhul.

f) Vegye ki a tojásos poharakat a sütőből, hagyja kissé kihűlni, és díszítse friss metélőhagymával.

14. Prosecco pogácsa

ÖSSZETEVŐK:

- 2 csésze univerzális liszt
- ¼ csésze kristálycukor
- 1 evőkanál sütőpor
- ½ teáskanál só
- ½ csésze hideg sótlan vaj, apró kockákra vágva
- ¼ csésze nehéz tejszín
- ¼ csésze narancslé
- ¼ csésze Prosecco
- 1 teáskanál narancshéj
- ½ csésze szárított áfonya vagy arany mazsola (opcionális)
- 1 nagy tojás, felvert (tojásmosáshoz)
- Durva cukor a szóráshoz

UTASÍTÁS:

a) Melegítsd elő a sütőt 200°C-ra (400°F). Egy tepsit kibélelünk sütőpapírral.

b) Egy nagy tálban keverjük össze a lisztet, a cukrot, a sütőport és a sót.

c) Adjuk hozzá a hideg vajkockákat a száraz hozzávalókhoz, és egy pogácsaszaggatóval vagy két késsel vágjuk addig, amíg a keverék durva morzsára nem hasonlít.

d) Egy külön tálban keverjük össze a tejszínt, a narancslevet, a Prosecco-t és a narancshéjat.

e) Öntsük a nedves hozzávalókat a száraz keverékhez, és keverjük addig, amíg össze nem áll. Adjunk hozzá szárított áfonyát vagy arany mazsolát, ha használunk.

f) A tésztát lisztezett felületre borítjuk, és körülbelül 1 hüvelyk vastagságú kör alakúra simítjuk. Vágja a kört 8 szeletre.

g) A pogácsákat az előkészített tepsire helyezzük, a tetejüket megkenjük felvert tojással, megszórjuk durvacukorral.

h) Előmelegített sütőben 15-18 percig sütjük, vagy amíg a pogácsa aranybarna nem lesz.

i) Tálalás előtt hagyjuk kicsit kihűlni a pogácsákat.

15. Prosecco Reggeli Quiche

ÖSSZETEVŐK:

- 1 felhasználásra kész pitehéj
- 4 nagy tojás
- ½ csésze narancslé
- ½ csésze Prosecco
- ½ csésze nehéz tejszín
- ½ csésze reszelt cheddar sajt
- ¼ csésze főtt és morzsolt szalonna
- ¼ csésze apróra vágott zöldhagyma
- Só és bors ízlés szerint
- Friss petrezselyem a díszítéshez

UTASÍTÁS:

a) Melegítsd elő a sütőt 190°C-ra (375°F).

b) Nyújtsa ki a tortahéjat, és tegye egy 9 hüvelykes piteformába. A széleket tetszés szerint préseljük.

c) Egy tálban keverjük össze a tojást, a narancslevet és a Prosecco-t, amíg jól össze nem keveredik.

d) Adjuk hozzá a kemény tejszínt, a reszelt cheddar sajtot, a morzsolt szalonnát, az apróra vágott zöldhagymát, a sót és a borsot. Keverjük össze.

e) Öntsük a tojásos keveréket az előkészített pitehéjba.

f) Süssük a quiche-t az előmelegített sütőben 30-35 percig, vagy amíg a közepe megszilárdul és a teteje aranybarna nem lesz.

g) Vegye ki a quiche-t a sütőből, és hagyja hűlni néhány percig, mielőtt felszeletelné.

h) Díszítsük friss petrezselyemmel, és melegen tálaljuk.

SNACKS

16. Bruschetta Prosecco redukcióval

ÖSSZETEVŐK:

- Baguette, kerekekre szeletelve
- 1 evőkanál olívaolaj
- 1 csésze ricotta sajt
- 1 citrom héja
- 1 evőkanál méz
- 1 csésze vegyes friss bogyós gyümölcsök
- Friss mentalevél díszítéshez
- Prosecco redukció (a Prosecco párolásával készül, amíg be nem sűrűsödik)

UTASÍTÁS:

a) Melegítsük elő a sütőt 350 °F-ra (175 °C).
b) A bagettszeleteket megkenjük olívaolajjal, és sütőpapíros tepsire tesszük.
c) A baguette köröket a sütőben körülbelül 8-10 percig, vagy enyhén aranybarnára pirítjuk.
d) Egy kis tálban keverjük össze a ricotta sajtot, a citromhéjat és a mézet, amíg jól össze nem keveredik.
e) Minden pirított bagett körre terítsen egy-egy adag ricottás keveréket.
f) A ricottát megkenjük vegyes friss bogyós gyümölcsökkel.
g) Csorgasd a Prosecco redukciót a bruschettára.
h) Díszítsük friss menta levelekkel.

17. Prosecco pácolt olajbogyó

ÖSSZETEVŐK:

- 1 csésze vegyes olajbogyó (például Kalamata, zöld vagy fekete)
- ¼ csésze Prosecco
- 2 evőkanál olívaolaj
- 2 gerezd fokhagyma, felaprítva
- 1 teáskanál szárított olasz fűszernövények (például oregánó vagy kakukkfű)
- Pirospaprika pehely (elhagyható)

UTASÍTÁS:

a) Egy tálban keverje össze az olívabogyót, a Prosecco-t, az olívaolajat, a darált fokhagymát, a szárított olasz fűszernövényeket és a pirospaprika pelyhet, ha szükséges.

b) Dobjuk az olajbogyót a pácba, amíg jól be nem vonódnak.

c) Fedjük le a tálat és tegyük hűtőbe legalább 1 órára vagy egy éjszakára, hogy az ízek kifejlődjenek.

d) Tálalja a Prosecco pácolt olajbogyót ízletes és sós snackként.

18. Prosecco garnélanyárs

ÖSSZETEVŐK:

- 1 font nagy garnélarák, meghámozva és kivágva
- ¼ csésze Prosecco
- 2 evőkanál olívaolaj
- 2 gerezd fokhagyma, felaprítva
- 1 evőkanál friss petrezselyem, apróra vágva
- Só és bors ízlés szerint
- Citromszeletek a tálaláshoz

UTASÍTÁS:

a) Egy tálban keverje össze a Prosecco-t, az olívaolajat, a darált fokhagymát, a friss petrezselymet, a sót és a borsot.

b) Adjuk hozzá a meghámozott és kifőzött garnélarákot a páchoz, és dobjuk bevonni.

c) Fedjük le a tálat, és tegyük hűtőbe legalább 30 percre, hogy az ízek összeérjenek.

d) Melegítse elő a grillt vagy a grillserpenyőt közepesen magas hőfokon.

e) A pácolt garnélarákot nyársra fűzzük.

f) Grill a garnélarák nyársakat oldalanként 2-3 percig, vagy amíg a garnélarák rózsaszínű és átlátszatlan nem lesz.

g) Tálalja a Prosecco garnélanyársakat citromszeletekkel, hogy finom és fehérjedús falatokat kapjon.

19. Kecskesajttal töltött gomba

ÖSSZETEVŐK:

- 12 nagy gomba vagy cremini gomba
- $\frac{1}{4}$ csésze Prosecco
- 4 uncia kecskesajt
- 2 evőkanál friss metélőhagyma apróra vágva
- Só és bors ízlés szerint

UTASÍTÁS:

a) Melegítsük elő a sütőt 190 °C-ra (375 °F).
b) Távolítsa el a gombák szárát, és tegye félre.
c) Egy tepsibe öntsük a Prosecco-t, és fejjel lefelé helyezzük az edénybe a gomba kalapokat.
d) Körülbelül 10 percig sütjük a gomba kalapokat, hogy megpuhuljanak.
e) Közben a gomba szárát apróra vágjuk.
f) Egy tálban összekeverjük az apróra vágott gombaszárat, a kecskesajtot, a metélőhagymát, a sót és a borsot.
g) Vegye ki a gomba sapkáját a sütőből, és engedje le a felesleges Prosecco-t.
h) Minden gomba sapkát megtöltünk a kecskesajt keverékkel.
i) Tegyük vissza a megtöltött gombát a sütőbe, és süssük további 10-12 percig, vagy amíg a töltelék aranybarna és buborékos nem lesz.
j) A Prosecco-val és kecskesajttal töltött gombát ízletes és elegáns snackként tálaljuk.

20. Prosecco Ceviche

ÖSSZETEVŐK:

- 1 kiló fehér halfilé (például snapper vagy tilápia), apró kockákra vágva
- 1 csésze Prosecco
- $\frac{1}{2}$ csésze limelé
- $\frac{1}{4}$ csésze narancslé
- $\frac{1}{4}$ csésze vöröshagyma, apróra vágva
- 1 jalapeno kimagozva és ledarálva
- $\frac{1}{4}$ csésze friss koriander, apróra vágva
- Só és bors ízlés szerint
- Tortilla chips vagy útifű chips a tálaláshoz

UTASÍTÁS:

a) Egy üvegtálban keverjük össze a halkockákat, a Prosecco-t, a lime levét és a narancslevet.

b) Keverje hozzá az apróra vágott lilahagymát, a darált jalapenót és az apróra vágott koriandert.

c) Ízlés szerint sózzuk, borsozzuk.

d) Fedjük le a tálat, és tegyük hűtőbe körülbelül 2-3 órára, időnként megkeverve, amíg a hal átlátszatlanná nem válik, és a citruslevek "főzték" meg.

e) Tálalja a Prosecco ceviche-t tortilla chipsekkel vagy útifű chipsszel hűtve könnyű és csípős harapnivalóként.

21. Prosecco buggyantott körte

ÖSSZETEVŐK:

- 4 érett körte, meghámozva és kimagozva
- 2 csésze Prosecco
- 1 csésze víz
- ½ csésze cukor
- 1 fahéjrúd
- 4 egész szegfűszeg
- Tálaláshoz tejszínhab vagy vaníliafagylalt

UTASÍTÁS:

a) Egy nagy serpenyőben keverje össze a Prosecco-t, a vizet, a cukrot, a fahéjrudat és az egész szegfűszeget.

b) Melegítse a keveréket közepes lángon, amíg a cukor fel nem oldódik, és a folyadék fel nem forr.

c) Adjuk hozzá a meghámozott és kimagozott körtét az orvvadász folyadékhoz.

d) Pároljuk a körtét a Prosecco keverékben körülbelül 20-30 percig, vagy amíg a körte megpuhul, ha villával megszúrjuk.

e) Vegyük le a serpenyőt a tűzről, és hagyjuk kihűlni a körtét a folyadékban.

f) Ha kihűlt, vegyük ki a körtéket a folyadékból, és tegyük tálalóedényekbe.

g) Tálaljuk a Prosecco buggyantott körtét egy csepp orvvadőr folyadékkal és egy kanál tejszínhabbal vagy egy gombóc vanília fagylalttal.

22. Prosecco gyümölcsnyársak

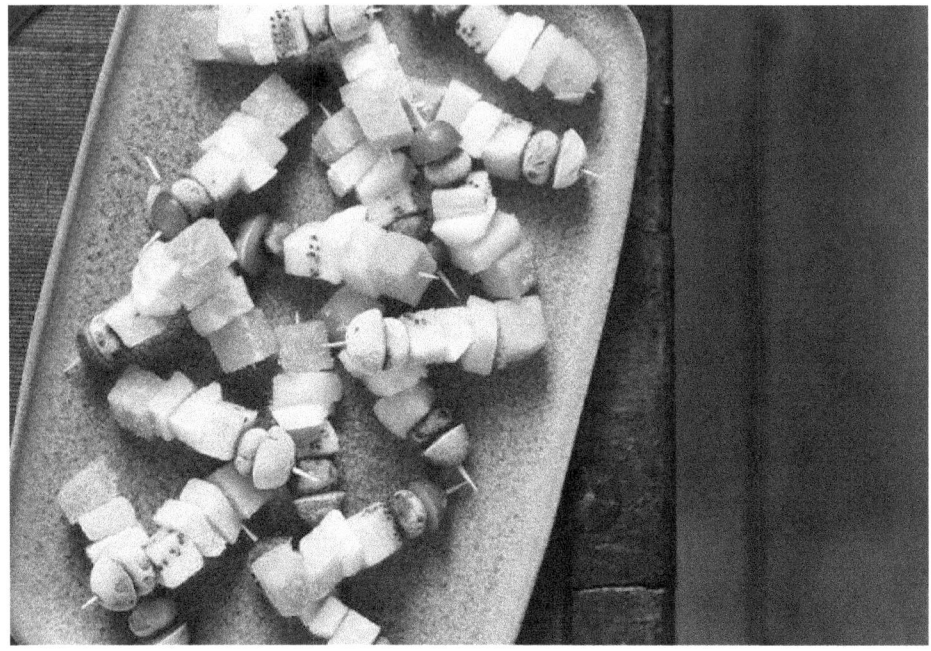

ÖSSZETEVŐK:

- Válogatott friss gyümölcsök (például eper, szőlő, ananászdarabok és dinnyegolyók)
- 1 csésze Prosecco
- Fa nyársak

UTASÍTÁS:

a) Fűzze fel a friss gyümölcsöket fa nyársra, váltogatva a gyümölcsöket a színes megjelenítés érdekében.
b) Helyezze a gyümölcsnyársakat egy sekély edénybe vagy tepsibe.
c) Öntse a Prosecco-t a gyümölcsnyársakra, ügyelve arra, hogy jól bevonják őket.
d) Fedjük le az edényt vagy a serpenyőt, és tegyük hűtőbe legalább 1 órára, hogy a gyümölcsök felszívják a Prosecco ízeit.
e) Tálaljuk a Prosecco gyümölcsnyársakat lehűtve, frissítő és lédús snackként.

23. Prosecco Popcorn

ÖSSZETEVŐK:

- 8 csésze pattogatott kukorica
- $\frac{1}{4}$ csésze sózatlan vaj, olvasztott
- 2 evőkanál Prosecco
- 1 teáskanál narancshéj
- 1 evőkanál porcukor

UTASÍTÁS:

a) Egy nagy tálban keverjük össze az olvasztott vajat, a Prosecco-t és a narancshéjat.

b) Csorgassuk a vajas keveréket a pattogatott kukoricára, és óvatosan keverjük össze, hogy egyenletesen bevonják.

c) A pattogatott kukoricát porcukorral megszórjuk, és újra összeforgatjuk.

d) Azonnal tálaljuk, vagy légmentesen záródó edényben tároljuk későbbre.

24. Prosecco Guacamole

ÖSSZETEVŐK:

- 2 érett avokádó, pépesítve
- $\frac{1}{4}$ csésze kockára vágott vöröshagyma
- $\frac{1}{4}$ csésze kockára vágott paradicsom
- $\frac{1}{4}$ csésze apróra vágott koriander
- 1 jalapeno kimagozva és apróra vágva
- 2 evőkanál friss limelé
- 2 evőkanál Prosecco
- Só és bors ízlés szerint

UTASÍTÁS:

a) Egy közepes tálban keverje össze a tört avokádót, lilahagymát, paradicsomot, koriandert és jalapenót.

b) Keverje hozzá a friss lime levét és a Prosecco-t.

c) Ízlés szerint sózzuk, borsozzuk.

d) Tálaljuk tortilla chipsekkel vagy zöldségrudakkal a mártáshoz.

25. Prosecco Bruschetta

ÖSSZETEVŐK:

- Baguette, szeletelve
- 1 csésze koktélparadicsom félbevágva
- ¼ csésze kockára vágott vöröshagyma
- 2 evőkanál apróra vágott friss bazsalikom
- 1 evőkanál Prosecco ecet
- 1 evőkanál olívaolaj
- 1 teáskanál méz
- Só és bors ízlés szerint

UTASÍTÁS:

a) Melegítsük elő a sütőt 350 °F-ra (175 °C).
b) A bagettszeleteket sütőpapíros tepsire tesszük, és a sütőben enyhén ropogósra pirítjuk.
c) Egy tálban keverjük össze a koktélparadicsomot, lilahagymát, bazsalikomot, Prosecco ecetet, olívaolajat, mézet, sót és borsot.
d) A paradicsomos keveréket kanalazzuk a pirított bagettszeletekre.
e) Azonnal tálaljuk finom és elegáns snackként.

26. Prosecco töltött eper

ÖSSZETEVŐK:
- 1 csésze friss eper
- 4 uncia krémsajt, megpuhult
- 2 evőkanál porcukor
- 1 teáskanál narancshéj
- 1 evőkanál Prosecco
- Friss mentalevél díszítéshez

UTASÍTÁS:
a) Az epret megmossuk, a tetejét levágjuk. Óvatosan ürítse ki minden eper közepét egy kis késsel vagy dinnyegombóccal.
b) Egy keverőtálban keverjük össze a megpuhult krémsajtot, a porcukrot, a narancshéjat és a Prosecco-t.
c) A kivájt eperbe kanalazzuk a krémsajtos keveréket.
d) Díszítsen minden töltött epret egy friss mentalevéllel.
e) Tálalásig hűtőbe tesszük.

27. Prosecco uborkafalatok

ÖSSZETEVŐK:

- 1 nagy uborka, szeletelve
- 4 uncia krémsajt, megpuhult
- 1 evőkanál apróra vágott friss kapor
- 1 evőkanál Prosecco
- Füstölt lazac (elhagyható)
- Citromhéj a díszítéshez

UTASÍTÁS:

a) Egy tálban keverjük össze a megpuhult krémsajtot, az apróra vágott kaprot és a Prosecco-t, amíg jól össze nem áll.

b) Minden uborkaszeletre kenjünk egy kis mennyiségű krémsajtos keveréket.

c) Kívánság szerint a tetejére egy darab füstölt lazacot teszünk.

d) Citromhéjjal díszítjük.

e) Tálald az uborka falatokat elegáns és frissítő falatként.

28. Prosecco Trail Mix

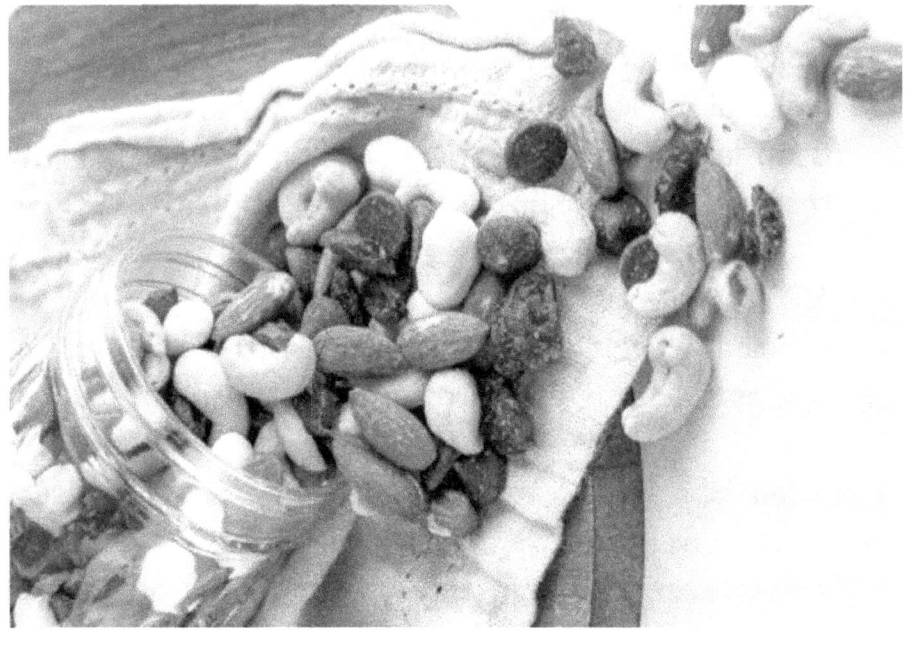

ÖSSZETEVŐK:

- 1 csésze pirított mandula
- 1 csésze szárított áfonya
- 1 csésze fehér csokoládé chips
- ¼ csésze narancshéj
- 2 evőkanál Prosecco

UTASÍTÁS:

a) Egy nagy tálban keverjük össze a pörkölt mandulát, a szárított áfonyát és a fehér csokoládédarabkákat.

b) Egy külön kis tálban keverje össze a narancshéjat és a Prosecco-t, hogy mázat készítsen.

c) Öntsük a narancssárga mázat az ösvénykeverékre, és dobjuk fel, hogy egyenletesen bevonódjon.

d) Terítsd ki a keveréket egy sütőlapra, és hagyd megdermedni.

e) Tárolja légmentesen záródó edényben az ízletes és kényeztető harapnivalókért.

29. Prosecco Energy Bites

ÖSSZETEVŐK:

- 1 csésze régimódi zab
- ½ csésze mandulavaj
- ⅓ csésze méz
- ¼ csésze őrölt lenmag
- ¼ csésze apróra vágott szárított sárgabarack
- ¼ csésze apróra vágott szárított áfonya
- ¼ csésze kókuszreszelék
- 1 evőkanál narancshéj
- 2 evőkanál Prosecco

UTASÍTÁS:

a) Egy nagy keverőtálban keverje össze a zabot, a mandulavajat, a mézet, az őrölt lenmagot, az aszalt sárgabarackot, a szárított áfonyát, a kókuszreszeléket és a narancshéjat.

b) Öntsük a Prosecco-t a keverékre, és addig keverjük, amíg jól össze nem áll.

c) A masszából kis golyókat forgatunk, és sütőpapírral bélelt tepsire tesszük.

d) Az energiafalatokat legalább 30 percre hűtőbe tesszük, hogy megdermedjenek.

e) Tárolja az energiafalatokat a hűtőszekrényben, hogy gyorsan és egészségesen falatozhasson.

FŐÉTEL

30. Prosecco Risotto garnélával

ÖSSZETEVŐK:

- 1 font garnélarák, meghámozva és kivágva
- 1 csésze Arborio rizs
- 3 csésze zöldségleves
- 1 csésze Prosecco
- ½ csésze reszelt parmezán sajt
- 1 evőkanál vaj
- 1 medvehagyma, finomra vágva
- 2 gerezd fokhagyma, felaprítva
- Só és bors ízlés szerint
- Friss petrezselyem a díszítéshez

UTASÍTÁS:

a) Egy nagy serpenyőben közepes lángon olvasszuk fel a vajat.

b) Adjuk hozzá a medvehagymát és a fokhagymát a serpenyőbe, és főzzük, amíg megpuhul.

c) Adja hozzá az Arborio rizst a serpenyőbe, és keverje be, hogy bevonja a vajat.

d) Beleöntjük a Prosecco-t és addig főzzük, amíg a rizs fel nem szívja.

e) Fokozatosan adjuk hozzá a zöldséglevest, körülbelül ½ csészével óránként, és folyamatosan keverjük, amíg minden egyes adag fel nem szívódik, mielőtt újabb adagot adna hozzá.

f) Folytassa ezt a folyamatot, amíg a rizs al dente meg nem fő, és krémes állagú lesz.

g) Hozzákeverjük a reszelt parmezán sajtot, és ízlés szerint sózzuk, borsozzuk.

h) Egy külön serpenyőben süssük rózsaszínűre a garnélarákot és főzzük át.

i) Tálaljuk a Prosecco rizottót tálakba, a tetejére főtt garnélarákot és friss petrezselyemmel díszítve.

31. Prosecco Chicken Piccata

ÖSSZETEVŐK:
- 4 csont nélküli, bőr nélküli csirkemell
- ½ csésze univerzális liszt
- Só és bors ízlés szerint
- 2 evőkanál olívaolaj
- 2 gerezd fokhagyma, felaprítva
- ½ csésze Prosecco
- ½ csésze csirkehúsleves
- 2 evőkanál kapribogyó
- 1 citrom leve
- 2 evőkanál vaj
- Friss petrezselyem a díszítéshez

UTASÍTÁS:
a) A csirkemelleket sóval, borssal ízesítjük.
b) Egy sekély edényben keverjük össze a lisztet sóval és borssal.
c) A csirkemelleket beleforgatjuk a lisztes keverékbe, a felesleget lerázva.
d) Egy nagy serpenyőben közepes lángon hevítsük fel az olívaolajat.
e) Tegye a csirkemelleket a serpenyőbe, és süsse mindkét oldalát aranybarnára, és süssük át.
f) Vegye ki a csirkét a serpenyőből, és tegye félre.
g) Ugyanabban a serpenyőben adjuk hozzá a darált fokhagymát, és főzzük körülbelül 1 percig.
h) Öntsük hozzá a Prosecco-t és a csirkehúslevest, majd kaparjuk le a serpenyő alját, hogy a megbarnult darabokat meglazítsuk.
i) Hozzákeverjük a kapribogyót és a citromlevet.

j) Forraljuk fel a mártást, és főzzük néhány percig, hogy kissé besűrűsödjön.

k) Addig keverjük hozzá a vajat, amíg fel nem olvad és belekeveredett a szószba.

l) Tegyük vissza a csirkemelleket a serpenyőbe, és kenjük be a szósszal.

m) Díszítsd friss petrezselyemmel, és tálald a Prosecco csirke piccata-t a választott köretekhez.

32. Lazac pirított magvakkal és prosecco-val

ÖSSZETEVŐK:

- 4 lazac filé
- Só és bors, két ízben
- 2 evőkanál olívaolaj
- 2 evőkanál vegyes mag (például szezám-, tök- vagy napraforgó)
- 1 csésze Prosecco vagy bármilyen habzó fehérbor
- 1 csésze nehéz tejszín
- 2 evőkanál friss kapor apróra vágva
- 1 citrom szeletelve (díszítéshez)

UTASÍTÁS:

a) A lazacfiléket mindkét oldalukon sózzuk, borsozzuk.

b) Melegítsük fel az olívaolajat egy nagy serpenyőben közepes lángon. Hozzáadjuk a lazacfilét, bőrös felével lefelé, és kb. 4-5 percig főzzük, amíg a bőr ropogós és barnás lesz. Fordítsa meg a filét, és süsse további 3-4 percig, vagy amíg a lazac a kívánt készre nem sül. Vegye ki a lazacot a serpenyőből, és tegye félre.

c) Ugyanabban a serpenyőben adjuk hozzá a kikevert magvakat, és közepes lángon pirítsuk kb. 2-3 percig, amíg illatosak és enyhén aranyszínűek lesznek. Vegye ki a magokat a serpenyőből, és tegye félre.

d) Máztalanítsuk a serpenyőt a Prosecco hozzáadásával, és kaparjuk le a serpenyő alját, hogy meglazuljanak a megbarnult darabok. Hagyja pár percig párolni a Proseccot, amíg kissé meg nem puhul.

e) Keverje hozzá a kemény tejszínt, és forralja tovább a szószt körülbelül 5 percig, amíg kissé besűrűsödik. Ízlés szerint sózzuk, borsozzuk.

f) Tegye vissza a lazacfiléket a serpenyőbe, és főzze további 2-3 percig, hagyja, hogy átforrósodjanak és felszívják a szósz egy részét.
g) A lazacfilére szórjuk a pirított magvakat és az apróra vágott kaprot.
h) Tálaljuk a lazacot a Prosecco szósszal az egyes tányérokon. Citrom szeletekkel díszítjük.
i) Élvezze a finom lazacot pirított magvakkal és Prosecco szósszal!

33. Prosecco Bolognai tészta

ÖSSZETEVŐK:

- 1 kiló darált marhahús
- 1 hagyma, finomra vágva
- 2 gerezd fokhagyma, felaprítva
- ½ csésze Prosecco
- 1 doboz (14 uncia) zúzott paradicsom
- ¼ csésze paradicsompüré
- 1 teáskanál szárított oregánó
- 1 teáskanál szárított bazsalikom
- Só és bors ízlés szerint
- ¼ csésze nehéz tejszín
- Ön által választott főtt tészta (például spagetti vagy fettuccine)
- Reszelt parmezán sajt a tálaláshoz
- Friss bazsalikomlevél a díszítéshez

UTASÍTÁS:

a) Egy nagy serpenyőben a darált marhahúst közepes lángon barnára főzzük.

b) Adjuk hozzá a felaprított hagymát és a zúzott fokhagymát a serpenyőbe, és főzzük, amíg megpuhul.

c) Öntsük bele a Prosecco-t, és főzzük néhány percig, hogy az alkohol elpárologjon.

d) Keverje hozzá a zúzott paradicsomot, a paradicsompürét, a szárított oregánót és a szárított bazsalikomot.

e) Ízlés szerint sózzuk, borsozzuk.

f) Pároljuk a szószt körülbelül 20-30 percig, hogy az ízek kifejlődjenek.

g) Keverjük hozzá a kemény tejszínt, és főzzük további 5 percig.

h) A Prosecco Bolognese szószt főtt tésztára tálaljuk.

i) Megszórjuk reszelt parmezán sajttal, és friss bazsalikom levelekkel díszítjük.

34. Prosecco gombás rizottó

ÖSSZETEVŐK:

- 1 csésze Arborio rizs
- 4 csésze zöldségleves
- 1 csésze Prosecco
- 2 evőkanál olívaolaj
- 1 hagyma, finomra vágva
- 8 uncia gomba, szeletelve
- 2 gerezd fokhagyma, felaprítva
- ¼ csésze reszelt parmezán sajt
- Só és bors ízlés szerint
- Friss petrezselyem a díszítéshez

UTASÍTÁS:

a) Egy serpenyőben melegítsd fel közepes lángon a zöldséglevest és a Prosecco-t, amíg forró.

b) Egy külön nagy serpenyőben közepes lángon hevítsük fel az olívaolajat.

c) Adjuk hozzá az apróra vágott hagymát a serpenyőbe, és főzzük, amíg megpuhul.

d) Hozzákeverjük a felszeletelt gombát és a darált fokhagymát, és addig főzzük, amíg a gomba megpuhul és kissé megpirul.

e) Adja hozzá az Arborio rizst a serpenyőbe, és keverje meg, hogy a szemeket bevonja a gombás keverékkel.

f) Fokozatosan adjuk hozzá a forró zöldségleves keveréket, körülbelül ½ csészével, és folyamatosan keverjük, amíg minden egyes adag fel nem szívódik, mielőtt további adagokat adna hozzá.

g) Folytassa ezt a folyamatot, amíg a rizs al dente meg nem fő, és krémes állagú lesz.

h) Hozzákeverjük a reszelt parmezán sajtot, és ízlés szerint sózzuk, borsozzuk.

i) Díszítsd friss petrezselyemmel, és tálald a Prosecco gombás rizottót finom főételként.

35. Csirke Pomodoro és Prosecco szósszal

ÖSSZETEVŐK:

- 4 csont nélküli, bőr nélküli csirkemell
- Só és bors, két ízben
- 2 evőkanál olívaolaj
- 1 kis hagyma, apróra vágva
- 3 gerezd fokhagyma, felaprítva
- 1 doboz (14 uncia) felkockázott paradicsom
- $\frac{1}{2}$ csésze Prosecco vagy bármilyen habzó fehérbor
- $\frac{1}{4}$ csésze paradicsompüré
- 1 teáskanál szárított bazsalikom
- 1 teáskanál szárított oregánó
- $\frac{1}{2}$ teáskanál cukor
- $\frac{1}{4}$ teáskanál pirospaprika pehely (elhagyható, némi melegítésre)
- Friss bazsalikomlevél, díszítéshez
- Reszelt parmezán sajt, tálaláshoz

UTASÍTÁS:

a) A csirkemelleket mindkét oldalukon sózzuk, borsozzuk.

b) Melegítsük fel az olívaolajat egy nagy serpenyőben közepesen magas lángon. Hozzáadjuk a csirkemelleket, és oldalanként körülbelül 5-6 percig sütjük, amíg megpirulnak és átsülnek. Vegye ki a csirkét a serpenyőből, és tegye félre.

c) Ugyanabban a serpenyőben adjuk hozzá az apróra vágott hagymát és fokhagymát. 2-3 percig pároljuk, amíg a hagyma áttetszővé nem válik és a fokhagyma illatos lesz.

d) Adja hozzá a kockára vágott paradicsomot, a Prosecco-t, a paradicsompürét, a szárított bazsalikomot, a szárított oregánót, a cukrot és a pirospaprika pelyhet (ha használ) a serpenyőbe. Jól keverjük össze, hogy az összes hozzávaló összeolvadjon.

e) Csökkentse a lángot, és forralja a szószt körülbelül 10-15 percig, hagyja, hogy az ízek összeérjenek, és a szósz kissé besűrűsödjön. Ízesítsük még sóval, borssal, ha szükséges.

f) Tegye vissza a megfőtt csirkemellet a serpenyőbe, és helyezze bele a szószba. A szósz egy részét kanalazzuk a csirkére.

g) Pároljuk tovább a csirkét a szószban további 5 percig, vagy amíg a csirke át nem melegszik.

h) Díszítsd a csirkét friss bazsalikomlevéllel, és szórd meg reszelt parmezán sajttal.

i) Tálaljuk a csirkét Pomodoro és Prosecco szósszal tészta, rizs vagy ropogós kenyér mellé.

36. Prosecco párolt marhahús rövid borda

ÖSSZETEVŐK:

- 4 marhahús rövid tarja
- Só és bors ízlés szerint
- 2 evőkanál olívaolaj
- 1 hagyma, apróra vágva
- 2 sárgarépa, apróra vágva
- 2 zellerszár, apróra vágva
- 4 gerezd fokhagyma, felaprítva
- 2 csésze Prosecco
- 2 csésze marhahúsleves
- 2 szál friss kakukkfű
- 2 szál friss rozmaring
- 1 babérlevél
- Friss petrezselyem a díszítéshez

UTASÍTÁS:

a) Melegítsük elő a sütőt 325°F-ra (163°C).

b) Fűszerezze a marhahús rövid tarját sóval és borssal.

c) Egy nagy holland sütőben vagy sütőben használható edényben melegítse fel az olívaolajat közepesen magas lángon.

d) A rövid bordákat minden oldalukon megpirítjuk, majd kivesszük az edényből és félretesszük.

e) Ugyanabban az edényben adjuk hozzá az apróra vágott hagymát, sárgarépát, zellert és a darált fokhagymát.

f) A zöldségeket addig főzzük, amíg megpuhulnak és enyhén karamellizálódnak.

g) Öntsük hozzá a Prosecco-t és a marhahúslevest, és forraljuk fel a folyadékot.

h) Tegye vissza az edénybe a megpirított rövid bordákat a friss kakukkfű, rozmaring és babérlevél ágakkal együtt.

i) Fedjük le az edényt fedővel, és tegyük az előmelegített sütőbe.

j) Pároljuk a rövid bordákat a sütőben körülbelül 2-3 órán keresztül, vagy amíg a hús megpuhul és leesik a csontról.

k) Vegye ki az edényt a sütőből, és távolítsa el a felesleges zsírt a felületéről.

l) Tálaljuk a Prosecco párolt marhahús rövid tarját a párolófolyadékkal, és díszítsük friss petrezselyemmel.

37. Prosecco pácolt grillezett csirke

ÖSSZETEVŐK:
- 4 csont nélküli, bőr nélküli csirkemell
- 1 csésze Prosecco
- ¼ csésze olívaolaj
- 1 citrom leve
- 2 gerezd fokhagyma, felaprítva
- 1 evőkanál apróra vágott friss fűszernövények (például rozmaring, kakukkfű vagy petrezselyem)
- Só és bors ízlés szerint
- Citromszeletek a tálaláshoz
- Friss fűszernövények a díszítéshez

UTASÍTÁS:
a) Egy tálban keverjük össze a Prosecco-t, az olívaolajat, a citromlevet, a darált fokhagymát, az apróra vágott friss fűszernövényeket, a sót és a borsot.

b) Helyezze a csirkemelleket visszazárható műanyag zacskóba vagy lapos edénybe, és öntse rá a Prosecco pácot.

c) Zárja le a zacskót vagy fedje le az edényt, és tegyük hűtőszekrénybe legalább 1 órára, vagy egy éjszakára a legjobb íz érdekében.

d) Melegítsük elő a grillt közepesen magas hőfokra.

e) Vegye ki a csirkemelleket a pácból, hagyja, hogy a felesleges pác lecsepegjen.

f) Grillezzön a csirkét oldalanként körülbelül 6-8 percig, vagy amíg meg nem sül, és a közepe már nem rózsaszín.

g) Vegyük le a csirkét a grillről, és hagyjuk pihenni néhány percig.

h) Tálaljuk a Prosecco pácolt grillcsirkét citromkarikákkal és díszítsük friss fűszernövényekkel.

DESSZERT

38. Prosecco torta

ÖSSZETEVŐK:

A TORTÁHOZ:
- 2 ½ csésze univerzális liszt
- 2 ½ teáskanál sütőpor
- ½ teáskanál só
- 1 csésze sózatlan vaj, lágyított
- 2 csésze kristálycukor
- 4 nagy tojás
- 1 teáskanál vanília kivonat
- 1 csésze Prosecco (habzóbor)
- ¼ csésze tej

A PROSECCO VAJKRÉM MAGASHOZ:
- 1 ½ csésze sózatlan vaj, lágyítva
- 4 csésze porcukor
- ¼ csésze Prosecco (habzóbor)
- 1 teáskanál vanília kivonat

OPCIONÁLIS KÖRETÉS:
- Ehető gyöngy
- Friss bogyók
- Pezsgő cukor

UTASÍTÁS:

A TORTÁHOZ:

a) Melegítsük elő a sütőt 180°C-ra, majd kivajazunk és lisztezzünk két 9 hüvelykes kerek tortaformát.

b) Egy közepes tálban keverjük össze a lisztet, a sütőport és a sót. Félretesz, mellőz.

c) Egy nagy keverőtálban keverjük össze a puha vajat és a kristálycukrot, amíg világos és habos nem lesz.

d) Egyenként hozzáadjuk a tojásokat, minden hozzáadás után jól felverve. Belekeverjük a vaníliakivonatot.

e) Fokozatosan adjuk hozzá a száraz hozzávalókat a vajas keverékhez, felváltva a Prosecco-val, a száraz hozzávalókkal kezdve és befejezve. Addig keverjük, amíg össze nem áll.
f) Hozzákeverjük a tejet és addig keverjük, amíg sima tészta nem lesz.
g) A masszát egyenlő arányban elosztjuk az előkészített tortaformák között, a tetejüket lapáttal elsimítjuk.
h) Előmelegített sütőben körülbelül 25-30 percig sütjük, vagy amíg a sütemények közepébe szúrt fogpiszkáló tisztán ki nem jön.
i) Vegyük ki a süteményeket a sütőből, és hagyjuk hűlni a tepsiben 10 percig. Ezután tegyük át őket egy rácsra, hogy teljesen kihűljenek.

A PROSECCO VAJKRÉM MAGASHOZ:

j) Egy nagy keverőtálban verjük fel a lágy vajat krémesre és simára.
k) Fokozatosan, egy-egy csészével adjuk hozzá a porcukrot, minden hozzáadás után alaposan felverjük.
l) Hozzákeverjük a Prosecco-t és a vaníliakivonatot, és tovább verjük, amíg a cukormáz világos és puha nem lesz.

ÖSSZESZERELÉS:

m) Helyezzen egy tortaréteget egy tálra vagy tortaállványra. Egyenletesen kenje meg a tetejét bőséges mennyiségű Prosecco vajkrémmel.
n) Helyezze rá a második tortaréteget, és kenje be az egész tortát a maradék Prosecco vajkrémmázzal, spatulával vagy süteménysimítóval a sima végeredmény érdekében.

o) Választható: Díszítse a tortát ehető gyöngyökkel, friss bogyós gyümölcsökkel vagy egy csipetnyi pezsgő cukorral az elegancia és a látvány növelése érdekében.

p) Szeletelje fel és tálalja a Prosecco tortát, ízlelje meg a Prosecco finom ízeit és ünnepi hangulatát.

39. Prosecco sajtfondü

ÖSSZETEVŐK:

- 1 csésze reszelt Gruyere sajt
- 1 csésze reszelt ementáli sajt
- 1 evőkanál kukoricakeményítő
- 1 csésze Prosecco
- 1 gerezd fokhagyma, felaprítva
- 1 evőkanál citromlé
- Frissen őrölt fekete bors
- Válogatott mártogatós (például kenyérkockák, almaszeletek vagy zöldségek)

UTASÍTÁS:

a) Egy tálban dobd bele a reszelt Gruyere és ementáli sajtot kukoricakeményítővel, amíg bevonat nem lesz.

b) Egy fondü edényben vagy egy serpenyőben melegítse a Prosecco-t közepes lángon, amíg forró, de nem forr.

c) Fokozatosan adjuk hozzá a reszelt sajtos keveréket a forró Prosecco-hoz, folyamatosan keverjük, amíg elolvad és simára nem olvad.

d) Hozzákeverjük a darált fokhagymát és a citromlevet.

e) Ízlés szerint frissen őrölt fekete borssal ízesítjük.

f) Tegye át a Prosecco sajtos fondüt egy fondü edénybe, hogy melegen tartsa.

g) Tálalja válogatott mártogatósokkal egy szórakoztató és interaktív Prosecco-infúziós snackhez.

40. Prosecco Granita

ÖSSZETEVŐK:

- 2 csésze Prosecco
- ¼ csésze cukor
- 1 citrom leve
- Friss mentalevél díszítéshez

UTASÍTÁS:

a) Egy serpenyőben közepes lángon melegítsük a Proseccot és a cukrot, amíg a cukor fel nem oldódik.

b) Vegyük le a serpenyőt a tűzről, és keverjük hozzá a citromlevet.

c) Öntse a Prosecco keveréket egy sekély, fagyasztható edénybe.

d) Tegye az edényt a fagyasztóba, és hagyja állni körülbelül 1 órát.

e) 1 óra elteltével villával kaparjuk le és bolyhosítsuk fel a részben megfagyott keveréket.

f) Tegye vissza az edényt a fagyasztóba, és ismételje meg a kaparási folyamatot 30 percenként körülbelül 3-4 órán keresztül, amíg a gránita bolyhos és jeges állagot nem kap.

g) Tálalja a Prosecco granitát desszertes tálkában vagy poharakban, friss mentalevéllel díszítve, hogy hűvös és frissítő legyen.

41. Barack és Prosecco Pavlova

ÖSSZETEVŐK:

- 4 tojás fehérje
- 1 csésze porcukor
- 1 teáskanál fehér ecet
- 1 teáskanál kukoricakeményítő
- 1 csésze tejszínhab
- 2 érett őszibarack, szeletelve
- ½ csésze Prosecco

UTASÍTÁS:

a) Melegítsd elő a sütőt 150°C-ra (300°F). Egy tepsit kibélelünk sütőpapírral.

b) A tojásfehérjét kemény habbá verjük. Fokozatosan, egy-egy evőkanál cukrot adunk hozzá, minden hozzáadás után alaposan felverve.

c) Adjuk hozzá az ecetet és a kukoricakeményítőt, és addig verjük, amíg össze nem áll.

d) A keveréket kanalazzuk az előkészített tepsire úgy, hogy egy 8 hüvelykes (20 cm) kört formázzon.

e) Spatula segítségével hozzon létre egy kutat a pavlova közepén.

f) 1 órán át sütjük, vagy amíg a pavlova kívül ropogós, belül puha nem lesz.

g) Kicsit teljesen lehűtjük.

h) A pavlova tetejét megkenjük tejszínhabbal. Hozzáadjuk a felszeletelt őszibarackot, és meglocsoljuk Prosecco-val.

42. Pezsgős panna cotta bogyós gyümölcsökkel

ÖSSZETEVŐK:
VANÍLIA PANNA COTTA
- 1 ¼ csésze fele és fele
- 1 ¾ csésze nehéz tejszín
- 2 teáskanál ízesítetlen zselatin
- 45 gramm kristálycukor
- Csipet só
- 1 ½ teáskanál vanília kivonat

HAJZÓBORZSE
- 2 csésze pezsgő, Prosecco vagy habzóbor
- 2 teáskanál zselatin
- 4 teáskanál kristálycukor

UTASÍTÁS:
VANÍLIA PANNA COTTA
a) A feléből és feléből 2 evőkanálnyit tegyünk egy kis csészébe, és egyenletesen szórjuk rá a zselatint, hogy virágozzon.

b) A maradék tejet, a cukrot és a sót egy serpenyőbe tesszük alacsony lángon, de ne hagyjuk felforrni. Ha igen, azonnal vegyük le a tűzről. Folyamatosan ügyeljen rá, mert nagyon gyorsan túlforrhat.

c) Addig keverjük, amíg a cukor teljesen fel nem oldódik.

d) Adjuk hozzá a tejszínt, és keverjük addig, amíg teljesen el nem olvad.

e) Belekeverjük a kivirágzott zselatint. Ne hagyjuk felforrni.

f) Vedd le a tűzről.

g) Adjunk hozzá vanília kivonatot.

h) Óvatosan keverjük, amíg a keverék szobahőmérsékletűre nem melegszik.

i) Öntse a keveréket sörétes poharakba vagy magas fuvolapoharakba. Mielőtt minden új pohárba töltené, óvatosan keverje meg a keveréket, hogy megakadályozza a szétválást.

j) Tedd légmentesen záródó edénybe a hűtőbe, hogy megdermedjen, mielőtt pezsgőzselét teszel a tetejére. Körülbelül 2-4 óra.

HAJZÓBORZSE

k) Tegyünk egy csészébe 2 evőkanál habzóbort, és szórjunk rá zselatint, hogy virágozzon.

l) Tegye a cukrot és a Prosecco-t egy kis serpenyőbe, és alacsony lángon melegítse.

m) Ha a cukor feloldódott, keverés közben adjuk hozzá a kivirágzott zselatint. Ne hagyjuk felforrni.

n) Miután lehűlt szobahőmérsékletűre. Ráöntjük a kész panna cotta tetejére. Óvatosan keverje meg a keveréket, mielőtt minden egyes pohárba tölti.

o) Miután a zselé megszilárdul, közvetlenül tálalás előtt finoman tegyünk rá néhány választott bogyót. Töltsük meg a pohár többi részét pezsgővel. Forgassa meg az üveget, hogy a bogyók leve kijöjjön. A fuvolaüveg mostantól három különböző színrétegű lesz.

43. Epres pezsgő szorbet

ÖSSZETEVŐK:

- 4 csésze friss eper, megmosva és meghámozva
- 1 ½ csésze pezsgő vagy prosecco
- ⅓ csésze kristálycukor

UTASÍTÁS:

a) összes hozzávalót egy turmixgépbe tesszük, és simára turmixoljuk.

b) Tegye át a keveréket egy fagylaltkészítőbe, és forgassa össze a gyártó utasításai szerint.

c) Azonnal fogyaszd el, vagy tedd egy fagyasztótartályba, hogy megszilárduljon.

44. Eper és Prosecco Pate de Fruit

ÖSSZETEVŐK:

- 2 csésze kristálycukor
- $\frac{3}{4}$ csésze eperpüré
- 1-$\frac{1}{4}$ csésze cukrozatlan almaszósz
- 1 teáskanál citromlé
- 4 teáskanál porított pektin
- 4-$\frac{1}{2}$ teáskanál prosecco

UTASÍTÁS:

a) Béleljen ki egy 8 x 8 hüvelykes négyzet alakú serpenyőt két egymást keresztező sütőpapírral. Hasznosnak tartom a ruhacsipesz használatát, hogy a papír a helyén maradjon.

b) Egy mély, 3 literes edényben keverje össze a cukrot, az eperpürét, az almaszószt, a citromlevet és a pektint.

c) Közepes lángon felforraljuk, gyakran kevergetve hőálló spatulával vagy fakanállal.

d) Ha a keverék körülbelül 10 percig főtt, óvatosan helyezzen rá egy cukorka hőmérőt. Ezen a ponton érdemes folyamatosan keverni, nehogy megégjen a serpenyő alja.

e) Addig főzzük, amíg a hőmérő el nem éri a 225 F-ot. Lekapcsoljuk a tüzet, és hozzákeverjük a vörösbort.

f) Zárja le a tüzet és keverje hozzá a vörösbort, majd azonnal öntse a szirupot az előkészített serpenyőbe.

g) Hagyjuk állni 4-8 órát, amíg meg nem jelenik.

h) Egy vágódeszkát bőségesen szórjunk meg kristálycukorral, majd forgassuk ki a pástétomot a vágódeszkára.

i) Óvatosan húzzuk le a sütőpapírt. Ragadós lesz, ezért az egyik sarkától dolgozzunk, és lassan hámozzuk le.

j) Egy nagy éles késsel vágja az édességet egy hüvelykes csíkokra, majd egy hüvelykes darabokra. A vágások között meg kell mosni és meg kell szárítani a kést.

k) A gyümölcspástétom négyzetét még több cukorral megforgatjuk.

l) Tárolja légmentesen záródó edényben, a rétegek között pergamen van.

45. Prosecco Vodka Szőlő

ÖSSZETEVŐK:

- 16 uncia mag nélküli vörös szőlő
- 16 uncia mag nélküli zöld szőlő
- 750 ml prosecco
- 6 uncia vodka
- ⅓ csésze kristálycukor

UTASÍTÁS:

a) Mossa meg és szárítsa meg a szőlőt, majd öntse egy nagy tálba.

b) Öntsük a Proseccót és a vodkát a szőlő tetejére, és tegyük hűtőbe egy éjszakára.

c) Szűrjük le és enyhén itassuk át a szőlőt papírtörlővel, hagyjuk párolni. Megjegyzés: Ha egy tepsit papírtörlővel kibélelünk, és előre-hátra ringatjuk, akkor gyorsan megszáríthatjuk.

d) Sütőpapíros tepsire egyenletes rétegben elosztjuk, megszórjuk cukorral. Óvatosan dobja fel, hogy bevonja.

46. Prosecco infúziós méz

ÖSSZETEVŐK:

- 4 érett őszibarack, meghámozva, kimagozva és felszeletelve
- 1 evőkanál cukor
- 1 csésze Prosecco vagy bármilyen habzó fehérbor
- Friss mentalevél a díszítéshez (opcionális)
- Vanília fagylalt vagy tejszínhab (elhagyható)

UTASÍTÁS:

a) Egy tálban keverjük össze a felszeletelt barackot, a cukrot és a Prosecco-t. Óvatosan átforgatjuk, hogy az őszibarack egyenletesen bevonódjon. Hagyja állni a keveréket körülbelül 10-15 percig, hogy az ízek összeérjenek.

b) Osszuk az őszibarackot és a Prosecco keveréket tálalótálakba vagy desszertes poharakba.

c) Kívánság szerint az őszibarackot megkenjük egy gombóc vaníliafagylalttal vagy egy adag tejszínhabbal.

d) Ízlés szerint friss mentalevéllel díszítjük.

e) Azonnal tálalja az őszibarackot és a Prosecco desszertet, és élvezze az ízek elragadó kombinációját.

47. Pink Prosecco gumimaci p

ÖSSZETEVŐK:

- 200 ml Prosecco
- 100 g cukor
- Elegendő zselatin ahhoz, hogy körülbelül ötször annyi folyadékot szilárdítson, mint amennyi van

UTASÍTÁS:

a) Öntsük a Prosecco-t és a cukrot egy serpenyőbe, és óvatosan melegítsük alacsony lángon, amíg a cukor fel nem oldódik.

b) Apránként adjuk hozzá a zselatinport a serpenyőbe, és folyamatosan kevergetve melegítsük nagyon-nagyon lassan a folyadékot, miközben a cukor és a zselatin beleolvad a Proseccoba – minél lassabban melegíti a keveréket, annál pezsegebb lesz a kész gumimaci íze. .

c) Miután minden feloldódott, vegye le a serpenyőt a tűzről, és adjon hozzá néhány csepp rózsaszín ételfestéket. Addig keverjük, amíg a folyadék rózsaszínű nem lesz – csináltam egy adagot ezzel és egy anélkül, és az ételfestéket tartalmazó tétel valami furcsa okból sokkal jobban nézett ki.

d) Ezután megkezdheti a gumimaci formák kitöltését, amit könnyebb mondani, mint megtenni, ha nem kapta meg a fecskendőhöz mellékelt formákat, mivel azok olyan aprók, és könnyen túlcsordulnak, ha öntjük a folyadékot. A legjobb módszert a mérőkanalaim segítségével tudtam megtenni - a formák kitöltésére a legkisebb is tökéletes.

e) Hagyja állni a hűtőben néhány órára - lehetőleg egy éjszakán át.

48. Mimóza gyümölcssaláta

ÖSSZETEVŐK:

- 3 kiwi, meghámozva és felszeletelve
- 1 csésze szeder
- 1 csésze áfonya
- 1 csésze eper, negyedelve
- 1 csésze ananász, apróra vágva
- 1 csésze Prosecco, hűtve
- ½ csésze frissen facsart narancslé
- 1 evőkanál méz
- ½ csésze friss menta

UTASÍTÁS:

a) Egy nagy tálban keverje össze az összes gyümölcsöt.

b) Öntsük a Prosecco-t, a narancslevet és a mézet a gyümölcsre, és óvatosan keverjük össze.

c) Díszítsük mentával és tálaljuk.

49. Prosecco Macarons

ÖSSZETEVŐK:
A TÖLTETÉSHEZ:
- ½ csésze tejszín, osztva
- ½ csésze Prosecco
- 2 evőkanál kukoricakeményítő
- 2 evőkanál kristálycukor
- 1 egész tojás
- 2 tojássárgája
- 2 evőkanál sótlan vaj
- 1 teáskanál vanília kivonat

A MACARON HÉJÁHOZ:
- 100 gramm manduladara
- 1 csésze porcukor
- egy narancs héja
- 3 tojás fehérje
- ⅛ teáskanál tartárkrém
- ¼ csésze + 2 teáskanál szuperfinom cukor
- Rózsaszín és citromsárga gél paszta ételfesték (opcionális)

UTASÍTÁS:
KÉSZÍTSÜK EL A TÖLTETÉST:
a) Egy tálban keverj össze ¼ csésze tejszínt kukoricakeményítővel, sárgájával és egész tojással; félretesz, mellőz.

b) Egy kis serpenyőben keverje össze a maradék tejszínt, a Prosecco-t és a kristálycukrot, és tegye közepes lángra.

c) Amikor a keverék forrni kezd, adjuk hozzá az egyharmadát a tojásos keverékhez, és erőteljesen keverjük.

d) A felmelegített tojáskeveréket visszaöntjük a serpenyőbe, és lassú tűzön addig főzzük, amíg besűrűsödik.
e) Vegyük le a tűzről, és keverjük hozzá a sózatlan vajat és a vaníliakivonatot.
f) Szűrjük át a keveréket egy finom szűrőn keresztül egy hőálló tálba, fedjük le a felületet műanyag fóliával, és hűtsük le a hűtőszekrényben.

KÉSZÍTSÜK EL A MACARON HÉJÁT:

g) Szitáljuk össze a mandulalisztet és a porcukrot, dobjuk ki a nagyobb darabokat, és adjuk hozzá a narancshéjat a keverékhez.
h) Egy külön tálban verjük habosra a tojásfehérjét, majd adjuk hozzá a tartárkrémet, és folytassuk a habverést, amíg lágy csúcsok nem lesznek.
i) Lassan hozzáadjuk a szuperfinom cukrot, közben folyamatosan verjük a tojásfehérjét.
j) Színezd a keveréket rózsa rózsaszín és citromsárga gél paszta ételfestékkel, ha szükséges.
k) A keveréket addig verjük, amíg kemény csúcsokat nem kapunk.
l) A mandulás keveréket óvatosan keverjük a felvert tojásfehérjéhez, amíg a tészta le nem esik a lapátról hosszú szalagként.
m) Tegye át a masszát egy kis kerek hegyű zsákba, és egy hüvelyk átmérőjű köröket szaggasson egy sütőpapírral bélelt tepsire.
n) Melegítsük elő a sütőt 375 F (190 C) fokra.
o) Hagyja a macaron héját megszáradni, és vékony hártyát/bőrt képezzen körülbelül 20-30 percig.
p) Csökkentse a sütő hőmérsékletét 163 C-ra, és süsse meg a macaron héját 12-15 percig.

q) Hűlsük le a héjakat a tepsiben.
ÖSSZEÁLLÍTSA A MACARONOKAT:
r) Miután a héjak kihűltek, két teáskanálnyi lehűtött tölteléket csepegtessünk rá a héjak felére.
s) A tölteléket szendvicsre kenjük a maradék héjjal.

50. Prosecco fagylalt

ÖSSZETEVŐK:

- 2 csésze + 2 evőkanál teljes tej
- 1 ¼ csésze nehéz tejszín
- 2 evőkanál kukoricaszirup
- ½ csésze fehér kristálycukor
- 1 teáskanál kóser só
- 1 ½ evőkanál kukoricakeményítő
- 1 teáskanál vanília kivonat
- ½ teáskanál narancs kivonat
- 2 evőkanál narancshéj
- ⅓ csésze Prosecco

UTASÍTÁS:

a) Egy 4 literes serpenyőben keverjünk fel 2 csésze tejet, kemény tejszínt, kukoricaszirupot, cukrot és sót. Közepes lángon felforraljuk. Figyeld alaposan, és gyakran keverd össze.

b) Egy külön tálban keverje simára a kukoricakeményítőt és a fenntartott 2 evőkanál tejet. Állítsa be a serpenyőben.

c) Amikor a keverék felforr, keverjük össze, hogy az összes cukor feloldódjon. Hagyja a keveréket lassan forrni 2 percig. Ezután vegyük le a tűzről, és keverjük hozzá a kukoricakeményítőt. Tegyük vissza a tűzre, és keverjük addig, amíg a keverék végig bugyborékol.

d) Vegyük le a tűzről, és keverjük hozzá a vaníliát, a narancskivonatot és a narancshéjat. Hagyja szobahőmérsékletre hűlni, körülbelül 20 percig. Ezután szűrőn keresztül légmentesen záródó edénybe öntjük, hogy eltávolítsuk a csomókat és a héját.

e) Hűtsük le legalább 6 órán keresztül.

f) Ha kihűlt a fagylalt alap, vegyük ki a hűtőből és öntsük a fagylaltkészítőbe. Adja hozzá a Prosecco- t a fagylalt alap tetejére.

g) Kövesse a gyártó utasításait , mivel ezek a gyártótól függően változhatnak. Helyezze be a lapátot, és forgassa sűrűre. A KitchenAid fagylalttartozékkal ez körülbelül 25-30 percet vesz igénybe.

h) Amikor a fagylalt felforrt, egy légmentesen záródó fagyasztóedénybe kanalazzuk. Fogyasztás előtt 4-6 órára fagyasszuk le, hogy jó konzisztenciájú legyen.

51. Prosecco gyümölcssaláta

ÖSSZETEVŐK:

- 3 kiwi, meghámozva és felszeletelve
- 1 csésze szeder
- 1 csésze áfonya
- 1 csésze eper, negyedelve
- 1 csésze ananász, apróra vágva
- 1 csésze Prosecco, hűtve
- ½ csésze frissen facsart narancslé
- 1 evőkanál méz
- ½ csésze friss menta

UTASÍTÁS:

d) Egy nagy tálban keverje össze az összes gyümölcsöt.

e) Öntsük a Prosecco-t, a narancslevet és a mézet a gyümölcsre, és óvatosan keverjük össze.

f) Díszítsük mentával és tálaljuk.

52. Áfonya - Prosecco reggeli torta

ÖSSZETEVŐK:

- Főző spray
- 1 csésze (2 rúd) sózatlan vaj, megpuhult
- 1 ¾ csésze (350 g) kristálycukor, osztva, plusz még több a tálaláshoz
- 2 evőkanál finomra reszelt narancshéj
- 2 nagy tojás
- 2 nagy tojássárgája
- 4 csésze (480 g) tortaliszt
- 2 ½ teáskanál sütőpor
- 1 teáskanál kóser só
- ½ teáskanál szódabikarbóna
- 1 csésze friss narancslé (kb. 2 nagy köldök narancsból)
- ½ csésze natúr görög joghurt
- ½ csésze brut Prosecco
- 12 uncia friss vagy fagyasztott áfonya (körülbelül 3 csésze), felosztva

Útvonal:
a) Melegítsük elő a sütőt 350 °F-ra (175 °C). Egy 13"x 9"-es tepsit kikenünk főzőpermettel. Bélelje ki a serpenyőt sütőpapírral, hagyjon 2"-os túlnyúlást mindkét hosszú oldalán, majd kenje ki a sütőpapírt sütő spray-vel.
b) Az állványos keverőlapáttal ellátott nagy tálban (vagy kézi mixerrel egy nagy tálban) közepesen nagy sebességgel keverje fel a lágy vajat és a 1,5 csésze kristálycukrot, amíg könnyű és bolyhos nem lesz, körülbelül 5 perc alatt. Szükség szerint kaparjuk le az edény oldalát. Adjunk hozzá 1 evőkanál narancshéjat, és verjük közepes-alacsony sebességgel, amíg össze nem áll. Adjuk hozzá a tojást és a

tojássárgáját egyenként, és minden hozzáadás után keverjük össze.

c) Egy közepes tálban keverjük össze a tortalisztet, a sütőport, a kóser sót és a szódabikarbónát. Adja hozzá a száraz hozzávalók felét a vajas keverékhez, és alacsony sebességgel keverje össze. Adjuk hozzá a friss narancslevet és a görög joghurtot, és verjük közepes sebességgel, amíg a folyadék nagy része el nem fogy. Adjuk hozzá a brut Prosecco-t és a maradék száraz hozzávalókat, és verjük alacsony sebességgel, amíg éppen bele nem keveredik; nem baj, ha van egy-két apró csomó. Kaparja meg a tál alját, hogy ne legyenek száraz foltok. Hajtsa bele 2 csésze áfonyát.

d) Öntsük a masszát az előkészített tepsibe, és szórjuk a tetejére a maradék 1 csésze áfonyát. Egy kis tálban keverj össze $\frac{1}{4}$ csésze cukrot és 1 evőkanál narancshéjat. Ezt a keveréket szórjuk a tészta tetejére.

e) Süssük a tortát addig, amíg aranybarna nem lesz, és a közepébe helyezett teszter tisztán ki nem jön, körülbelül 50-55 percig.

f) Hagyjuk kihűlni a tortát, majd tálalás előtt szórjuk meg még cukorral és narancshéjjal.

53. Klasszikus Prosecco torta

ÖSSZETEVŐK:
PISZKOTÁK:
- 1 ¼ csésze (250 g) cukor
- 1 ¼ csésze (140 g) univerzális liszt (00)
- ¾ csésze (120 g) burgonyakeményítő
- 8 tojás, szobahőmérsékleten
- 2 vaníliarúd
- 1 csipet finom só

cukrászsütemény (30 uncia / 850 g):
- 5 tojássárgája
- 1 csésze (175 g) cukor
- 2 csésze (500 ml) teljes tej
- ½ csésze (125 ml) tejszín
- 7 evőkanál (55 g) kukoricakeményítő
- 1 vaníliarúd

CHANTILLY KRÉM:
- ½ csésze (100 ml) tejszín
- 2 és fél evőkanál (10 g) porcukor

LIKŐRSZIRUP:
- 0,6 csésze (130 g) víz
- 0,3 csésze (75 g) cukor
- 0,3 csésze (70 g) Grand Marnier likőr
- Díszíteni:
- porcukor (két ízben)

UTASÍTÁS:
A PISKÓS TORTÁK ELKÉSZÍTÉSE:

a) Melegítse elő a sütőt 325°F-ra (160°C) statikus üzemmódban. Két 20 cm átmérőjű tortaformát kivajazunk és lisztezzünk.

b) Állványmixerben felütjük a tojásokat, hozzáadjuk a vaníliarúd magjait, egy csipet sót, majd lassan hozzáadjuk a cukrot. Habverővel verjük közepes sebességgel körülbelül 15 percig, amíg a tojás térfogata megháromszorozódik, és folyékony és krémes lesz.

c) Szitáljuk össze a lisztet és a burgonyakeményítőt. Óvatosan, felfelé irányuló mozdulatokkal egy spatula segítségével keverje a port a tojásos keverékhez, amíg homogén nem lesz.

d) A tésztát egyenlő arányban elosztjuk a két tortaforma között. Előmelegített sütőben az alsó polcon kb 50 percig sütjük, vagy amíg egy fogpiszkáló tisztán ki nem jön.

e) Hagyja teljesen kihűlni a süteményeket a formákban, mielőtt kivenné őket. Ezután helyezze át egy hűtőrácsra, hogy befejezze a hűtést.

f) A diplomáciai krém elkészítése:

g) A cukrászkrémhez a tejet, a tejszínt és a vaníliarudat (hasítva) egy serpenyőben majdnem forrásig melegítjük.

h) Egy külön tálban habosra keverjük a tojássárgáját a cukorral és a vaníliamaggal. Szitáljuk a kukoricakeményítőt a keverékbe és keverjük össze.

i) Vegyük ki a vaníliarudat a tejes keverékből, és lassan öntsünk egy merőkanál forró tejet a tojássárgás keverékhez, habverővel keverjük, hogy feloldódjon.

j) Az egészet visszaöntjük a serpenyőbe a forró tejjel, és lassú tűzön, folyamatos kevergetés mellett addig főzzük, amíg besűrűsödik. Tegyük át a krémet egy tűzálló edénybe, fedjük le műanyag fóliával, és hagyjuk teljesen kihűlni.

k) Egy külön tálban a friss tejszínt a porcukorral kemény habbá verjük. A kihűlt cukrászkrémhez adjunk egy kanál tejszínhabot, és erőteljesen keverjük össze. Ezután óvatosan hozzákeverjük a maradék tejszínhabot. Fedjük le műanyag fóliával, és tegyük hűtőbe körülbelül 30 percre, hogy megdermedjen.

A SZIRUP ELKÉSZÍTÉSE :

l) Egy serpenyőben keverje össze a vizet, a cukrot és a Grand Marnier likőrt. Melegítsük és keverjük, amíg a cukor elolvad. Hagyja kihűlni a szirupot.

A torta összeállítása:

m) Vágja le mindkét piskóta külső héját úgy, hogy csak a világosabb részt hagyja meg a hulladék csökkentése érdekében.

n) Vegyünk egy piskótát, és vágjuk három egyforma rétegre.

o) Az első réteget tányérra tesszük, és megnedvesítjük a sziruppal.

p) A megnedvesített rétegre kenjük a kihűlt diplomáciai krém kb. negyedét.

q) Ismételje meg a második réteggel, a sziruppal és a tejszínnel. Ezután rátesszük az utolsó réteget, és beáztatjuk a maradék sziruppal.

r) A maradék kihűlt krémmel bekenjük a torta tetejét és oldalát.

s) A második piskótát függőleges szeletekre, majd kis kockákra vágjuk.

t) Helyezze a piskótakockákat a torta teljes felületére, beleértve a széleket is.

u) Tálalás előtt pár órára hűtőbe tesszük a tortát.

v) Tálalás előtt porcukorral meghintjük a klasszikus Prosecco tortát.

TÁROLÁS:

w) Az összeállított Prosecco torta hűtőben akár 3-4 napig is eláll. A piskóta önmagában 2 napig eltartható műanyag fóliába csomagolva vagy fagyasztva legfeljebb 1 hónapig. A puding 2-3 napig is eláll a hűtőben.

54. Prosecco Cupcakes

ÖSSZETEVŐK:

- 1 doboz vaníliás torta mix
- 1 ¼ csésze Prosecco, osztva
- ⅓ csésze növényi olaj
- 3 nagy tojás
- 2 teáskanál narancshéj, osztva
- 1 csésze (2 rúd) vaj, megpuhult
- 4 csésze porcukor
- 1 teáskanál tiszta vanília kivonat
- Csipet kóser só
- Arany csiszolócukor
- Narancsszeletek, díszítéshez

UTASÍTÁS:

a) Melegítsük elő a sütőt 350°F-ra, és béleljünk ki két cupcake tepsit cupcake béléssel.

b) Egy nagy tálban keverje össze a vaníliás süteménykeveréket 1 csésze Prosecco-val, növényi olajjal, tojással és 1 teáskanál narancshéjjal.

c) Süssük meg a tortákat a csomagoláson található utasítások szerint.

d) Hagyja a cupcakes-eket teljesen kihűlni, mielőtt lefagyaná.

e) Közben elkészítjük a Prosecco cukormázt: Egy nagy tálban kézi mixerrel verjük fel a lágy vajat, amíg könnyű és habos nem lesz.

f) Adjunk hozzá 3 csésze porcukrot, és addig verjük, amíg csomók nem maradnak.

g) Keverje hozzá a maradék ¼ csésze Prosecco-t, a tiszta vanília kivonatot, a maradék teáskanál narancshéjat és egy csipet sót. Addig verjük, amíg jól össze nem áll.

h) Adjuk hozzá a maradék 1 csésze porcukrot, és addig verjük, amíg a cukormáz világos és puha nem lesz.
i) A kihűlt cupcakes-eket egy ofszet spatulával fagyaszd le.
j) Díszítsen minden cupcake-t arany csiszolócukorral és egy kis narancskarikával.

55. Vérnarancsos Prosecco torta

ÖSSZETEVŐK:

- 1 ½ csésze (3 rúd) sózatlan vaj, szobahőmérsékletű
- 2 ¾ csésze kristálycukor
- 5 nagy tojás, szobahőmérsékletű
- 3 csésze átszitált süteményliszt
- ½ teáskanál só
- 1 csésze rózsaszín Moscato vagy Prosecco
- 3 evőkanál narancshéj
- 1 evőkanál tiszta vanília kivonat

EGYSZERŰ SZIRUP:

- ½ csésze rózsaszín Moscato vagy Prosecco
- ½ csésze kristálycukor
- ¼ csésze friss vérnarancslé

NARANCS MÁZ:

- 1 ½ csésze cukrászcukor
- 3 evőkanál friss vérnarancslé

UTASÍTÁS:

a) Melegítsük elő a sütőt 315 F fokra. Permetezzen be egy 10 csésze Bundt serpenyőt tapadásmentes sütő spray-vel.

b) Egy állványos mixer edényében keverjük össze a cukrot a narancshéjjal. Dörzsölje bele a héját a cukorba, amíg illatos lesz.

c) Adjuk hozzá a vajat és a sót a tálba, majd adjuk hozzá a tejszínt a cukorral együtt. Verjük közepesen magas hőmérsékleten 7 percig, amíg a vaj halványsárga és bolyhos nem lesz.

d) Egyenként adjuk hozzá a tojásokat, minden hozzáadás után jól keverjük össze, és szükség szerint kaparjuk le az edény oldalát.

e) Csökkentse a sebességet alacsonyra, és lassan két részletben adjuk hozzá a lisztet, és addig keverjük, amíg össze nem áll. Ne keverje túl.

f) Ráöntjük a Moscato-t és addig keverjük, amíg össze nem áll.

g) Öntsük a masszát az előkészített tepsibe, és süssük 70-80 percig, vagy amíg a torta közepébe szúrt fogpiszkáló tisztán ki nem jön.

h) Hagyja a tortát legalább 10 percig hűlni a tepsiben, mielőtt egy tálra fordítaná. Kissé szobahőmérsékletűre hűtjük.

Az egyszerű sziruphoz:

i) Egy kis lábasban, közepes lángon, keverjük össze az összes hozzávalót, és főzzük közepes lángon.

j) Csökkentse a keveréket körülbelül egyharmadával, amíg besűrűsödik, körülbelül 5 percig.

k) Vegyük le a tűzről és hagyjuk teljesen kihűlni.

A MÁZHOZ:

l) Egy kis tálban keverjük össze az összes hozzávalót önthetővé.

m) A torta összeállítása:

n) Nyársal vagy villával lyukakat szúrunk a kihűlt süteményre.

o) Az egyszerű szirupot ráöntjük a tortára, hogy felszívódjon. Ha szükséges, ismételje meg.

p) Végül a mázat a tortára kenjük, és 10 percig állni hagyjuk.

q) Élvezze ezt az elragadó vérnarancsos Prosecco tortát, amely tökéletes ünnepekre vagy bármilyen különleges alkalomra!

56. Prosecco Mousse

ÖSSZETEVŐK:

- 1 csésze nehéz tejszín
- ¼ csésze porcukor
- ¼ csésze Prosecco
- ¼ csésze friss narancslé
- 1 evőkanál narancshéj
- Friss narancsszeletek a díszítéshez

UTASÍTÁS:

a) Egy lehűtött keverőtálban verjük fel a kemény tejszínt, amíg lágy csúcsok nem lesznek.

b) Fokozatosan adjuk hozzá a porcukrot, a Prosecco-t és a friss narancslevet a felvert tejszínhez, miközben folytatjuk a habosítást.

c) Óvatosan beleforgatjuk a narancshéjat.

d) Tegye át a Prosecco mousse-t tálalópoharakba vagy tálakba.

e) Hűtőbe tesszük legalább 2 órára, hogy megdermedjen.

f) Tálalás előtt minden adagot díszítsen friss narancsszeletekkel.

57. Prosecco sajttorta rudak

ÖSSZETEVŐK:
A KÉGRE:
- 1 ½ csésze graham kekszmorzsa
- ¼ csésze kristálycukor
- ½ csésze sózatlan vaj, olvasztott

A sajttorta töltelékéhez:
- 16 uncia krémsajt, lágyítva
- 1 csésze kristálycukor
- ¼ csésze tejföl
- ¼ csésze Prosecco
- ¼ csésze friss narancslé
- 1 evőkanál narancshéj
- 3 nagy tojás
- 1 teáskanál vanília kivonat

UTASÍTÁS:
a) Melegítsd elő a sütőt 160°C-ra, és bélelj ki egy 9x9 hüvelykes tepsit sütőpapírral úgy, hogy az oldalain maradjon túlnyúlás.

b) Egy közepes tálban keverjük össze a Graham keksz morzsát, a kristálycukrot és az olvasztott vajat.

c) Nyomjuk a keveréket az előkészített tepsi aljába, hogy a héjat formázzuk.

d) Egy nagy keverőtálban a lágy krémsajtot és a kristálycukrot simára és krémesre keverjük.

e) Adjuk hozzá a tejfölt, a Prosecco-t, a friss narancslevet és a narancshéjat, és keverjük jól össze.

f) Egyenként beleütjük a tojásokat, majd hozzáadjuk a vaníliakivonatot és simára keverjük.

g) Öntsük a sajttorta töltelékét a tepsiben lévő kéregre.

h) Előmelegített sütőben 40-45 percig sütjük, vagy amíg a szélei meg nem puhulnak és a közepe enyhén ropogós lesz.

i) Hagyja a sajttorta rudakat teljesen kihűlni a serpenyőben, majd legalább 4 órára hűtőszekrénybe tesszük, mielőtt négyzetekre vágja és tálalja.

58. Prosecco tortatekercs

ÖSSZETEVŐK:

A piskótához:
- 4 nagy tojás, szétválasztva
- ¾ csésze kristálycukor, osztva
- ¼ csésze Prosecco
- ¼ csésze friss narancslé
- 1 evőkanál narancshéj
- 1 csésze süteményliszt
- 1 teáskanál sütőpor
- Csipet só

A TÖLTETÉSHEZ:
- 1 csésze nehéz tejszín
- ¼ csésze porcukor
- ¼ csésze Prosecco
- 1 teáskanál vanília kivonat
- Friss narancsszeletek a díszítéshez
- Porcukor a porozáshoz

UTASÍTÁS:

A piskótához:

a) Melegítsük elő a sütőt 175 °C-ra, és zsírozzanak ki egy 10x15 hüvelykes zselés tepsit. Béleljük ki a tepsit sütőpapírral úgy, hogy az oldalain hagyjunk kinyúlást.

b) Egy nagy keverőtálban a tojássárgákat ½ csésze kristálycukorral habosra és könnyű habbá verjük.

c) Keverje hozzá a Prosecco-t, a friss narancslevet és a narancshéjat, amíg jól össze nem áll.

d) Egy külön tálban keverjük össze a tortalisztet, a sütőport és a sót.

e) A száraz hozzávalókat apránként a nedves hozzávalókhoz adjuk, addig keverjük, amíg sima tészta nem lesz.
f) Egy másik tiszta tálban verjük habosra a tojásfehérjét, majd fokozatosan adjuk hozzá a maradék $\frac{1}{4}$ csésze kristálycukrot, miközben folyamatosan verjük.
g) A tojásfehérjét kemény habbá verjük.
h) A felvert tojásfehérjét óvatosan beleforgatjuk a tésztába, amíg teljesen el nem keveredik.
i) Öntse a masszát az előkészített zselés tekercsformába, és egyenletesen terítse el.
j) Előmelegített sütőben 12-15 percig sütjük, vagy amíg a sütemény enyhe érintésre vissza nem kap.
k) Amíg a sütemény még meleg, a sütőpapír túlnyúlásával óvatosan emelje ki a formából, és helyezze át tiszta felületre.
l) A meleg süteményt a rövidebb végétől kezdve szorosan feltekerjük, a sütőpapír segítségével. Feltekert formában hagyjuk teljesen kihűlni.
A TÖLTETÉSHEZ:
m) Egy lehűtött keverőtálban verjük fel a kemény tejszínt, amíg lágy csúcsok nem lesznek.
n) Fokozatosan adjuk hozzá a porcukrot, a Prosecco-t és a vaníliakivonatot a felvert tejszínhez, miközben folytatjuk a habosítást.
o) Óvatosan tekerjük ki a kihűlt tortát, és egyenletesen kenjük a felületére a Prosecco krémtölteléket.
p) Tekerje fel a tortát, ezúttal sütőpapír nélkül, és tegye át egy tálra.
q) Friss narancsszeletekkel díszítjük, és porcukorral megszórjuk.

r) A Prosecco tortatekercset felszeleteljük és tálaljuk.

59. Prosecco Popsicles

ÖSSZETEVŐK:

- 1 csésze friss narancslé
- ½ csésze Prosecco
- 2 evőkanál méz (ízlés szerint)
- Friss narancsszeletek vagy szeletek

UTASÍTÁS:

a) Egy tálban keverje össze a friss narancslevet, a Prosecco-t és a mézet, amíg jól össze nem keveredik.

b) Helyezzen néhány friss narancsszeletet vagy szeletet a popsaformákba.

c) Öntse a Prosecco keveréket a narancsszeletekre a popsaformákban.

d) Helyezzen popsirudakat minden formába.

e) Fagyassza le a popsit legalább 4 órára, vagy amíg teljesen meg nem áll.

f) Finoman távolítsa el a popsikát a formákból, és élvezze ezt a jeges és frissítő Prosecco ihletésű desszertet.

60. Prosecco Granita

ÖSSZETEVŐK:

- ½ csésze cukor
- 1 ¼ csésze Prosecco
- 1 evőkanál limelé
- 1 csésze frissen facsart narancslé

UTASÍTÁS:

a) Egy nagy tálban keverjük össze a narancslevet és a cukrot, amíg a cukor teljesen fel nem oldódik.

b) Keverje hozzá a Prosecco-t és a lime levét, és hozzon létre egy kellemes Prosecco keveréket.

c) Öntse a keveréket két jégkocka tálcába, és tegye be őket a fagyasztóba.

d) Hagyja a keveréket megdermedni, amíg meg nem szilárdul, ami általában legalább 2 órát vesz igénybe. Későbbi felhasználáshoz a fagyasztott kockákat cipzáras műanyag zacskókba rakva tárolhatja a fagyasztóban legfeljebb 1 hétig.

e) Közvetlenül tálalás előtt vegyen egy réteg fagyasztott kockát, és helyezze őket egy acél pengével ellátott konyhai robotgép táljába.

f) Körülbelül 10-12-szer pörgesse be a keveréket a robotgépbe, vagy amíg nem marad nagy jégdarab, gyönyörű gránita textúrát hozva létre.

g) A Prosecco kristályokat külön edényekbe kanalazzuk, és készen állunk a kóstolásra és élvezetre.

h) Ha több adagra van szüksége, ismételje meg a folyamatot a maradék jégkockákkal.

i) Azonnal tálalja a Prosecco Granitát, élvezze frissítő és gyümölcsös ízét.

j) Ez az elragadó gránita tökéletes csemege a meleg napokon lehűtésre, vagy a különleges pillanatok megünneplésére. Élvezd!'

61. Őszibarack és bogyó a Prosecco-ban

ÖSSZETEVŐK:

- 2 kiló őszibarack, lehetőleg az aromás fehér húsú fajta
- 2/3 csésze kristálycukor
- 1 1/2 csésze Prosecco vagy más fiatal, gyümölcsös, száraz fehérbor
- 1/2 pint málna
- 1/2 pint áfonya
- 1 citrom héja

UTASÍTÁS:

a) Kezdje az őszibarack megmosásával, hámozásával, magjának eltávolításával, és körülbelül 1/4 hüvelyk vastagságú darabokra szeletelve. Helyezze a felszeletelt barackot egy tálba.

b) Adjuk hozzá a kristálycukrot és a fehérbort (Prosecco vagy hasonló száraz fehérbor) az őszibarackkal együtt. Alaposan keverjük össze, hogy összeálljon.

c) A málnát és az áfonyát megmossuk, majd óvatosan hozzáadjuk a tálba az őszibarackkal és a boros keverékkel.

d) A fél citrom vékony, sárga héját lereszeljük, ügyelve arra, hogy a keserű fehér mag ne kerüljön bele. Adjuk hozzá a citrom héját a tálba.

e) Óvatosan keverje össze a tál tartalmát többszöri megfordítással.

f) A gyümölcskeveréket tálalás előtt legalább 1 órára hűtőbe tesszük, vagy előre elkészítjük, akár már a tálalási nap reggelén. Élvezd!

62. Prosecco buggyantott körte

ÖSSZETEVŐK:

- 4 érett körte
- 1 üveg Prosecco
- 1 csésze kristálycukor
- 1 vaníliarúd (feldarabolva és kikaparva)

UTASÍTÁS:

a) A körtéket meghámozzuk, a szárát érintetlenül hagyjuk.

b) Egy nagy serpenyőben keverjük össze a Prosecco-t, a cukrot és a kikapart vaníliamagokat.

c) Adjuk hozzá a körtét a serpenyőbe, és forraljuk fel a keveréket enyhe lassú tűzön.

d) Pároljuk a körtét körülbelül 20-25 percig, vagy amíg megpuhulnak, de nem pépesek.

e) Vegyük ki a körtéket, és hagyjuk kihűlni. Forraljuk tovább az orvvadőr folyadékot, amíg sziruppá nem sűrűsödik.

f) A körtéket Prosecco sziruppal meglocsolva tálaljuk.

63. Prosecco Bogyó Parfé

ÖSSZETEVŐK:

- 1 csésze vegyes bogyós gyümölcsök (eper, áfonya, málna)
- 1 csésze Prosecco
- 1 csésze görög joghurt
- 2 evőkanál méz

UTASÍTÁS:

a) Keverje össze a bogyókat és a Prosecco-t egy tálban, hagyja őket ázni körülbelül 15 percig.
b) A tálalópoharakban a Prosecco-ban áztatott bogyókat görög joghurttal rétegezzük.
c) A tetejére csorgassunk mézet.
d) Ismételje meg a rétegeket, a végén egy csepp mézzel.

64. Prosecco és málnazselé

ÖSSZETEVŐK:

- 1 1/2 csésze Prosecco
- 1/2 csésze víz
- 1/2 csésze kristálycukor
- 2 evőkanál málna zselatin
- Friss málna díszítéshez

UTASÍTÁS:

a) Egy serpenyőben melegítsük fel a Proseccót, a vizet és a cukrot, amíg a cukor fel nem oldódik.

b) Levesszük a tűzről, és belekeverjük a málnás zselatint.

c) Öntse a keveréket az egyes adagolópoharakba vagy formákba.

d) Hűtőbe tesszük dermedésig (általában néhány órára vagy egy éjszakára).

e) Tálalás előtt friss málnával díszítjük.

65. Prosecco és Lemon Posset

ÖSSZETEVŐK:

- 2 csésze Prosecco
- 1 csésze nehéz tejszín
- 1 csésze kristálycukor
- 2 citrom héja és leve

UTASÍTÁS:

a) Egy serpenyőben keverje össze a Prosecco-t, a tejszínt és a cukrot. Kevergetve melegítjük, amíg a cukor fel nem oldódik.

b) Adjuk hozzá a citrom héját és levét, majd pároljuk 5 percig.

c) A keveréket tálalópoharakba öntjük, és néhány órára hűtőbe tesszük, amíg megszilárdul.

d) Tálalás előtt egy csipetnyi citromhéjjal díszítjük.

66. Prosecco Tiramisu

ÖSSZETEVŐK:

- 1 csésze Prosecco
- 3 nagy tojássárgája
- 1/2 csésze kristálycukor
- 1 csésze mascarpone sajt
- 1 csésze nehéz tejszín
- 1 tk vanília kivonat
- 1 csomag ladyfingers
- Kakaópor porozáshoz
- eszpresszó (opcionális)

UTASÍTÁS:

a) Egy tálban habosra keverjük a tojássárgáját és a cukrot, amíg sűrű és halvány nem lesz.
b) A mascarponét keverjük simára.
c) Egy külön tálban kemény habbá verjük a tejszínt és a vaníliakivonatot.
d) A tejszínhabot óvatosan a mascarponés keverékhez keverjük.
e) Mártsuk a ladyfingert Proseccoba (és ha szükséges eszpresszóba), és rétegezzük őket egy tálba.
f) Egy réteg mascarponés keveréket kenünk a ladyfingersre.
g) Ismételje meg a ladyfinger és a mascarpone réteget, majd a mascarpone réteggel fejezze be.
h) Hűtőbe tesszük néhány órára vagy egy éjszakára.
i) Tálalás előtt megszórjuk kakaóporral.

FŰSZEREK

67. Prosecco és Peach Salsa

ÖSSZETEVŐK:

- 2 érett őszibarack, felkockázva
- ¼ csésze vöröshagyma, apróra vágva
- ¼ csésze friss koriander, apróra vágva
- 1 lime leve
- ¼ csésze Prosecco
- Só és bors ízlés szerint
- Tortilla chips a tálaláshoz

UTASÍTÁS:

a) Egy tálban keverjük össze a felkockázott őszibarackot, a lilahagymát, a koriandert, a lime levét és a Prosecco-t.
b) Ízlés szerint sózzuk, borsozzuk.
c) Jól keverjük össze, hogy az összes íz összeérjen.
d) Hagyja állni a salsát körülbelül 15 percig, hogy az ízek összeérjenek.
e) Tálalja a Prosecco-t és az őszibarackos salsát tortilla chipsekkel, hogy frissítő és gyümölcsös falatot kapjon.

68. Prosecco Jelly

ÖSSZETEVŐK:

- 2 csésze Prosecco
- 1 csésze cukor
- 1 csomag (kb. 1,75 oz) porított gyümölcspektin
- Citromlé (elhagyható, a savasság kedvéért)

UTASÍTÁS:

a) Egy nagy serpenyőben keverje össze a Prosecco-t és a cukrot.

b) Közepes lángon addig keverjük, amíg a cukor fel nem oldódik.

c) Adjuk hozzá a porított gyümölcspektint, és keverjük össze.

d) Forraljuk fel a keveréket, és főzzük körülbelül 1 percig, folyamatos keverés mellett.

e) Vegyük le a serpenyőt a tűzről, és távolítsuk el az esetlegesen képződött habot.

f) Ha szükséges, adjunk hozzá egy csipet citromlevet a savasság érdekében.

g) Öntse a Prosecco zselét sterilizált üvegekbe, és hagyja szobahőmérsékletre hűlni.

h) Hűtőbe tesszük a zselét, amíg megdermed.

i) Kenjük meg a pirítósra, tálaljuk sajttal, vagy használjuk húsokhoz, sült zöldségekhez mázként.

69. Prosecco mustár

ÖSSZETEVŐK:

- ¼ csésze sárga mustármag
- ¼ csésze barna mustármag
- ½ csésze Prosecco
- ¼ csésze fehérborecet
- 1 evőkanál méz
- ½ teáskanál só

UTASÍTÁS:

a) Egy tálban keverjük össze a sárga és a barna mustármagot.

b) Egy külön tálban keverjük össze a Prosecco-t, a fehérborecetet, a mézet és a sót.

c) Öntsük a Prosecco keveréket a mustármagra, és keverjük össze.

d) Hagyja a keveréket szobahőmérsékleten körülbelül 24 órán át állni, időnként megkeverve.

e) Tegye át a keveréket turmixgépbe vagy konyhai robotgépbe, és addig turmixolja, amíg el nem éri a kívánt állagot.

f) Tárolja a Prosecco mustárt légmentesen záródó tartályban a hűtőszekrényben.

g) Használja szendvicsek, hamburgerek fűszerezéseként vagy perecek és rágcsálnivalók mártogatósként.

70. Prosecco vaj

ÖSSZETEVŐK:

- ½ csésze sózatlan vaj, lágyított
- 2 evőkanál Prosecco
- 1 teáskanál citromhéj
- ½ teáskanál só

UTASÍTÁS:

a) Egy tálban keverjük össze a puha vajat, a Prosecco-t, a citromhéjat és a sót.

b) Addig keverjük vagy habverővel, amíg jól el nem keveredik és sima nem lesz.

c) Tegye át a Prosecco vajat egy kis edénybe, vagy formázzon belőle rönköt műanyag fóliával.

d) Hűtőbe tesszük keményre.

e) Használja a Prosecco vajat a grillezett steak tetejére, a sült zöldségeken olvasztja fel, vagy kenje meg friss kenyérre.

71. Prosecco citromtúró

ÖSSZETEVŐK:

- 3 citrom héja
- 1 csésze frissen facsart citromlé (kb. 4-5 citrom)
- 1 csésze kristálycukor
- 4 nagy tojás
- ½ csésze sótlan vaj, kockára vágva
- ¼ csésze Prosecco

UTASÍTÁS:

a) Egy hőálló tálban keverjük össze a citromhéjat, a citromlevet, a cukrot és a tojásokat, amíg jól össze nem keveredik.

b) Helyezze az edényt egy fazék, forró vízzel, ügyelve arra, hogy az edény alja ne érjen hozzá a vízhez. Ez kettős kazán beállítást hoz létre.

c) Habverővel vagy fakanállal folyamatosan kevergetve főzzük addig, amíg besűrűsödik és bevonja a kanál hátát. Ez a folyamat általában körülbelül 10-15 percig tart.

d) Ha a keverék besűrűsödött, vegye le a tálat a tűzről.

e) Adjuk hozzá a kockára vágott vajat a túróhoz, és addig keverjük, amíg a vaj fel nem olvad és teljesen el nem olvad.

f) Keverje hozzá a Prosecco-t, amíg jól össze nem áll.

g) Hagyja hűlni néhány percig a túrót, majd tegye át tiszta üvegbe vagy légmentesen záródó edénybe.

h) Fedje le az üveget vagy edényt fedéllel vagy műanyag fóliával, ügyelve arra, hogy közvetlenül érintkezzen a túró felületével, nehogy bőr képződjön.

i) Tegye a Prosecco Lemon Curd hűtőszekrénybe legalább 2 órára, vagy amíg kihűl és megdermed.

j) A túró legfeljebb 2 hétig tárolható a hűtőszekrényben.

72. Prosecco Aioli

ÖSSZETEVŐK:

- ½ csésze majonéz
- 1 evőkanál Prosecco
- 1 citrom héja és leve
- 1 gerezd fokhagyma, felaprítva
- Só és bors ízlés szerint

UTASÍTÁS:

a) Egy kis tálban keverjük össze a majonézt, a Prosecco-t, a citromhéjat, a citromlevet, a darált fokhagymát, a sót és a borsot.

b) Kóstolja meg, és ha szükséges, módosítsa a fűszerezést.

c) Fedjük le a tálat, és tegyük hűtőbe a Prosecco aioli-t legalább 30 percre, hogy az ízek összeérjenek.

d) Tálald az aioli-t finom mártogatós szószként sült krumplihoz, kend meg szendvicsekre, vagy használd krémes öntetként hamburgerekhez vagy grillezett zöldségekhez.

73. Prosecco mézes mustár

ÖSSZETEVŐK:

- ¼ csésze dijoni mustár
- 2 evőkanál méz
- 2 evőkanál Prosecco
- 1 citrom héja és leve
- Só és bors ízlés szerint

UTASÍTÁS:

a) Egy tálban keverje össze a dijoni mustárt, mézet, Prosecco-t, citromhéjat, citromlevet, sót és borsot.

b) Kóstoljuk meg és ízlés szerint módosítsuk a fűszerezést.

c) Fedjük le a tálat, és tegyük hűtőszekrénybe a Prosecco mézes mustárt legalább 30 percre felhasználás előtt.

d) Használja a mézes mustárt szendvicsek és hamburgerek ízletes fűszereként, vagy mártogatós szószként csirkehúshoz vagy perechez.

74. Prosecco gyógynövényvaj

ÖSSZETEVŐK:

- ½ csésze sózatlan vaj, lágyított
- 1 evőkanál Prosecco
- 1 evőkanál apróra vágott friss fűszernövények (például petrezselyem, kakukkfű vagy bazsalikom)
- 1 citrom héja
- Só és bors ízlés szerint

UTASÍTÁS:

a) Egy tálban keverje össze a puha vajat, a Prosecco-t, az apróra vágott friss fűszernövényeket, a citromhéjat, a sót és a borsot. Jól keverjük össze, hogy az összes hozzávaló belekerüljön.

b) Tegye át az ízesített vajat egy műanyag fóliára, és formázzon belőle rönköt, vagy csavarja be szorosan a műanyag fóliába.

c) A Prosecco gyógynövényvajat legalább 1 órára hűtőbe tesszük, hogy megszilárduljon és az ízek összeérjenek.

d) Szeletelje fel a vajat kockákra, vagy kenje meg kenyérhez, zsemléhez vagy grillezett húshoz és zöldségekhez. A gyógynövényekkel átitatott vaj kellemesen csípős és aromás hatást kölcsönöz ételeinek.

75. Prosecco Salsa Verde

ÖSSZETEVŐK:

- 1 csésze friss petrezselyemlevél apróra vágva
- $\frac{1}{4}$ csésze friss bazsalikomlevél, apróra vágva
- 2 evőkanál kapribogyó lecsepegtetve és feldarabolva
- 2 gerezd fokhagyma, felaprítva
- 2 evőkanál finomra vágott medvehagyma
- 2 evőkanál Prosecco
- 1 citrom héja és leve
- $\frac{1}{4}$ csésze olívaolaj
- Só és bors ízlés szerint

UTASÍTÁS:

a) Egy tálban keverjük össze az apróra vágott petrezselymet, bazsalikomot, kapribogyót, darált fokhagymát, medvehagymát, Prosecco-t, citromhéjat, citromlevet, olívaolajat, sót és borsot.

b) Jól keverjük össze, hogy az összes hozzávaló összekeveredjen.

c) Kóstolja meg, és ha szükséges, módosítsa a fűszerezést.

d) Hagyja állni a Prosecco salsa Verde-t legalább 15-30 percig, hogy az ízek összeérjenek.

e) Tálalja a salsa verde-t grillezett hal vagy sült zöldségek ízes fűszereként, vagy használja salátákhoz ízletes öntetként.

koktélok

76. Aperol Spritz

ÖSSZETEVŐK:

- 3 uncia prosecco
- 2 uncia Aperol
- 1 uncia klubszóda
- Díszítés: narancs szelet

UTASÍTÁS:

a) Egy jéggel teli borospohárban keverje össze a prosecco-t, az Aperolt és a szódát.

b) Díszítésként adjunk hozzá egy narancsszeletet.

77. Prosecco és narancslé Mimosas

ÖSSZETEVŐK:

- 1 üveg Prosecco
- 2 csésze narancslé
- Díszítésnek narancsszeletek

UTASÍTÁS:

a) Töltsük meg félig a pezsgőfurulyákat hűtött Proseccoval.

b) Felöntjük a poharakat narancslével.

c) Díszítsen minden poharat egy narancsszelettel.

d) Azonnal tálaljuk, és élvezzük a frissítő Prosecco mimózát.

78. Hibiszkusz Spritz

ÖSSZETEVŐK:

- 2 uncia prosecco vagy pezsgő
- 1 uncia hibiszkuszszirup
- ½ uncia bodza likőr
- Szódavíz
- Díszítésnek citromszeletek vagy ehető virágok
- Jégkockák

UTASÍTÁS:

a) Tölts meg egy borospoharat jégkockákkal.
b) Adjunk a pohárba hibiszkuszszirupot és bodzalikőrt.
c) Óvatosan keverjük össze, hogy az ízek összeérjenek.
d) Töltsük fel a poharat prosecco-val vagy habzóborral.
e) Adjon hozzá egy csepp szódát a pezsgő befejezéshez.
f) Díszítsük citromszeletekkel vagy ehető virágokkal.
g) Kortyolás előtt óvatosan keverjük össze.
h) Kóstolja meg a pezsgő és virágos Hibiscus Spritz-et.

79. Pezsgőöszvérek

ÖSSZETEVŐK:

- 2 uncia ml vodka
- 2 uncia friss limelé
- 4 uncia gyömbér sör
- Hűtött prosecco, feltéthez
- Lime szeletek, tálaláshoz
- Menta, tálaláshoz

UTASÍTÁS:

a) Öntsön két pohárba a vodkát és a friss lime levét, majd mindegyik pohár tetejére öntsön gyömbérsört.

b) Öntsük rá a prosecco-t, majd díszítsük lime-mel és mentával.

c) Hidegen tálaljuk.

80. Hugo

ÖSSZETEVŐK:

- 15 cl Prosecco, hűtve
- 2 cl bodzaszörp, vagy citromfű szirup
- pár mentalevél
- 1 frissen facsart citromlé, vagy lime leve
- 3 jégkocka
- lőtt szénsavas ásványvíz, vagy szódavíz
- szeleteljünk citromot vagy lime-ot a pohár díszítésére vagy díszítésként

UTASÍTÁS:

a) A jégkockákat, a szirupot és a mentaleveleket egy vörösboros pohárba tesszük.

b) Öntsön frissen facsart citrom vagy lime levét a pohárba. Tegyen egy szelet citromot vagy lime-ot a pohárba, és adjon hozzá hideg Prosecco-t.

c) Néhány pillanat múlva adjunk hozzá egy csípős szénsavas ásványvizet.

81. Prosecco Mojito

ÖSSZETEVŐK:

- 1 oz fehér rum
- ½ dl friss limelé
- ½ oz egyszerű szirup
- 6-8 friss mentalevél
- Prosecco, hűtve
- Lime szeletek a díszítéshez
- Menta gallyak a díszítéshez

UTASÍTÁS:

a) Egy koktél shakerben keverje össze a friss mentaleveleket lime levével és egyszerű sziruppal.
b) Adjuk hozzá a fehér rumot, és töltsük meg jéggel a shakert.
c) Jól összerázzuk, hogy összeálljon.
d) Szűrjük le a keveréket egy jéggel teli pohárba.
e) A tetejére hűtött Prosecco.
f) Díszítsük lime-karikákkal és mentaszálakkal.
g) Óvatosan keverje össze, és élvezze a frissítő Prosecco Mojito-t.

82. Sgroppino

ÖSSZETEVŐK:

- 4 oz. vodka
- 8 oz. Prosecco
- 1 adag citromsorbet
- Választható köretek
- citromhéj
- citromszeletek
- citrom csavar
- friss menta levelek
- friss bazsalikom levelek

UTASÍTÁS:

a) Turmixgépben keverje össze az első három összetevőt.
b) Simára és turmixoljuk.
c) Pezsgős fuvolában vagy borospoharakban tálaljuk.

83. Prosecco Bellini

ÖSSZETEVŐK:

- 2 oz őszibarackpüré vagy őszibarack nektár
- Prosecco, hűtve
- Őszibarack szeletek a díszítéshez

UTASÍTÁS:

a) Öntse a barackpürét vagy őszibarack nektárt egy lehűtött pezsgős fuvolába.

b) A tetejére hűtött Proseccot teszünk, megtöltve a poharat.

c) Óvatosan keverjük össze.

d) Díszítsük friss barack szelettel.

e) Kortyoljon és kóstolja meg a klasszikus és elegáns Prosecco Bellinit.

84. Prosecco Margarita

ÖSSZETEVŐK:

- 1½ oz ezüst tequila
- 1 dl friss limelé
- 1 oz egyszerű szirup
- ½ oz narancslikőr (például tripla mp)
- Prosecco, hűtve
- Lime szeletek a díszítéshez
- Só vagy cukor a körítéshez (opcionális)

UTASÍTÁS:

a) Kívánt esetben peremezze meg a poharat sóval vagy cukorral úgy, hogy a peremét lime lébe, majd sóba vagy cukorba mártja.

b) Egy koktél shakerben keverje össze a tequilát, a lime levét, az egyszerű szirupot és a narancslikőrt.

c) Töltsük meg a shakert jéggel és rázzuk fel erőteljesen.

d) Szűrjük le a keveréket egy jéggel teli pohárba.

e) A tetejére hűtött Prosecco.

f) Lime szeletekkel díszítjük.

g) Óvatosan keverje össze, és élvezze a pezsgő Prosecco Margaritát.

85. Prosecco Ginger Fizz

ÖSSZETEVŐK:

- 2 oz gyömbér likőr
- $\frac{1}{2}$ dl friss limelé
- $\frac{1}{2}$ oz egyszerű szirup
- Prosecco, hűtve
- Kristályos gyömbér díszítéshez

UTASÍTÁS:

a) Egy koktél shakerben keverje össze a gyömbérlikőrt, a lime levét és az egyszerű szirupot.
b) Töltsük meg a shakert jéggel és jól rázzuk fel.
c) Szűrjük le a keveréket egy jéggel teli pohárba.
d) A tetejére hűtött Prosecco.
e) Díszítsük egy darab kristályos gyömbérrel.
f) Óvatosan keverje össze, és élvezze a pezsgő Prosecco Ginger Fizz-et.

86. Prosecco French 75

ÖSSZETEVŐK:

- 1 oz gin
- ½ dl friss citromlé
- ½ oz egyszerű szirup
- Prosecco, hűtve
- Díszítésnek citromcsavar

UTASÍTÁS:

a) Egy koktél shakerben keverje össze a gint, a citromlevet és az egyszerű szirupot.
b) Töltsük meg a shakert jéggel és jól rázzuk fel.
c) Szűrjük a keveréket egy pezsgős fuvolába.
d) A tetejére hűtött Prosecco.
e) Díszítsük citromcsavarral.
f) Kortyoljon és élvezze a klasszikus és pezsgő Prosecco French 75-öt.

87. Prosecco gránátalmás puncs

ÖSSZETEVŐK:

- 2 csésze gránátalmalé
- 1 csésze narancslé
- ½ csésze áfonyalé
- ¼ csésze friss limelé
- 2 evőkanál agave szirup vagy méz
- Prosecco, hűtve
- Díszítésnek gránátalmamag és lime szelet

UTASÍTÁS:

a) Egy kancsóban keverje össze a gránátalma-, narancs-, áfonya-, lime-levet és az agave szirupot vagy mézet.

b) Addig keverjük, amíg jól össze nem áll, és az édesítő feloldódik.

c) Adja hozzá a lehűtött Prosecco-t a kancsóhoz, és óvatosan keverje össze.

d) Töltsük meg a poharakat jéggel, és öntsük a jégre a Prosecco gránátalma puncsot.

e) Díszítsük gránátalma magokkal és lime szeletekkel.

f) Kortyolgasd és élvezd a gyümölcsös és pezsgő Prosecco Gránátalma Puncsot.

88. Rubin és rozmaring Prosecco koktél

ÖSSZETEVŐK:

- 1 szál friss rozmaring
- 1 uncia rubin grapefruitlé
- $\frac{1}{2}$ uncia rozmaring egyszerű szirup (recept lent)
- Hűtött Prosecco vagy bármilyen habzó fehérbor
- Díszítésnek rubinos grapefruit szeletek vagy rozmaring ágak

AZ EGYSZERŰ ROZMARYSZIRUPHOZ:

- $\frac{1}{2}$ csésze víz
- $\frac{1}{2}$ csésze kristálycukor
- 2 szál friss rozmaring

UTASÍTÁS:

a) Készítsd el az egyszerű rozmaringszirupot úgy, hogy egy kis serpenyőben összekevered a vizet, a cukrot és a rozmaringgal. Forraljuk fel a keveréket közepes lángon, időnként keverjük meg, amíg a cukor teljesen fel nem oldódik.

b) Vegyük le a serpenyőt a tűzről, és hagyjuk, hogy a rozmaring körülbelül 10 percig álljon a szirupban. Ezután szűrjük le a rozmaringágakat, és hagyjuk kihűlni az egyszerű szirupot.

c) Egy koktél shakerben óvatosan keverje össze a friss rozmaring ágat, hogy felszabadítsa az aromáját.

d) Adja hozzá a rubin grapefruit levét és a rozmaring egyszerű szirupot a shakerhez. Töltse meg a shakert jéggel.

e) Erőteljesen rázza fel a keveréket körülbelül 15-20 másodpercig, hogy az összetevők lehűljenek.

f) Szűrje le a koktélt egy lehűtött pohárba vagy fuvolába.

g) Töltse fel a koktélt hűtött Prosecco-val, hagyja, hogy finoman keveredjen a többi hozzávalóval.

h) Díszítse az italt egy szelet rubin grapefruittal vagy egy szál friss rozmaringgal.

i) Azonnal tálalja a rubin és rozmaring Prosecco koktélt, és élvezze!

89. Prosecco bodzavirág koktél

ÖSSZETEVŐK:

- 1 oz bodza likőr (például St-Germain)
- ½ dl friss citromlé
- Prosecco, hűtve
- Ehető virágok díszítéshez (opcionális)

UTASÍTÁS:

a) Tölts meg egy borospoharat jégkockákkal.

b) Adjuk hozzá a bodza likőrt és a friss citromlevet.

c) A tetejére hűtött Prosecco.

d) Óvatosan keverjük össze.

e) Ízlés szerint ehető virágokkal díszíthetjük.

f) Kortyoljon és élvezze a virágos és pezsgő Prosecco Bodzavirág koktélt.

90. Rózsaszín grapefruit koktél

ÖSSZETEVŐK:

- 1 csésze frissen facsart rózsaszín grapefruitlé
- $\frac{1}{8}$ csésze málnalikőr
- 2 üveg édes Prosecco
- 2 rózsaszín grapefruit, felszeletelve díszítéshez
- Friss menta díszítéshez
- Jégkockák

UTASÍTÁS:

a) Egy kancsóban keverje össze a frissen facsart rózsaszín grapefruitlevet, a málnalikőrt és az édes Prosecco-t.

b) Adjon hozzá egy tálca jégkockát, hogy a Prosecco hűtve maradjon.

c) A keveréket jól keverjük össze, hogy az ízek összeérjenek.

d) Adjon hozzá 1 rózsaszín grapefruit szeleteket és egy marék friss mentát, hogy fokozza az aromát és a megjelenést.

e) Tálaláskor a Prosecco-t poharakba töltjük, a pereme mentén egy szelet rózsaszín grapefruitot és friss mentával díszítjük.

f) Emelj fel egy poharat, piríts egy kellemes villásreggelire, és élvezd!

91. Prosecco ananászsorbet úszó

ÖSSZETEVŐK:
ANANÁSZSZORBET:
- 2 uncia ananászlé
- 4 uncia agave szirup
- 16 uncia fagyasztott ananász

PROSECCO + ANANÁSZ SZORBET ÚSZÓ:
- Ananász sorbet (a fenti receptből)
- Prosecco

UTASÍTÁS:
ANANÁSZSZORBET:

a) Turmixgépben keverjük össze az ananászlevet és az agávét.

b) Adjuk hozzá a fagyasztott ananász körülbelül egynegyedét, és keverjük össze.

c) Lassan adjuk hozzá a maradék fagyasztott ananászt, minden hozzáadásnál lüktetve. A cél a fagyasztott turmixszerű állag megőrzése.

d) Tegye át a keveréket egy edénybe, és tegye a fagyasztóba, hogy egy éjszakára megszilárduljon.

PROSECCO ANANÁSZSZORBET ÚSZÓ:

e) Egy pohár aljába tegyünk egy gombócnyit az elkészített ananászsorbetből.

f) Nyiss ki egy üveg Prosecco-t, és öntsd rá a pohárban lévő sorbetre.

g) Kívánt esetben díszítse az úszót ananászszeletekkel, mentalevéllel vagy ehető virágokkal.

92. Málnás limonádé Koktél

ÖSSZETEVŐK:

- 3 uncia Prosecco
- 3 uncia málnás limonádé
- Rózsaszín vagy piros cukorszór
- 2-3 friss málna

UTASÍTÁS:

a) A poharak karikája: Öntsön egy kis mennyiségű málnás limonádét egy tányérra vagy sekély tálra. Ugyanezt tegyük külön tányéron a rózsaszín vagy piros cukorszórt.

b) Mártsa a Prosecco fuvola peremét a málnás limonádéba, ügyelve arra, hogy az egész peremet bevonja.

c) Ezután mártsa be a pohár bevont peremét a színes cukorba, hogy dekoratív cukorperemet hozzon létre.

d) Öntse a málnás limonádét és a Prosecco-t az előkészített pohárba, és óvatosan keverje össze az ízeket.

e) Csökkentsen 2-3 friss málnát a koktélba, hogy még több gyümölcsös ízt kapjon.

f) Tálalja a Raspberry Lemonade Proseccos-t, és élvezze ezt az elragadó és frissítő koktélt a lányokkal való villásreggeli során.

93. Narancs szorbet Koktél

ÖSSZETEVŐK:

- 2 csésze friss narancslé
- $\frac{1}{2}$ csésze víz
- $\frac{3}{4}$ csésze méz vagy agave nektár, ízlés szerint
- Prosecco

UTASÍTÁS:

a) Egy keverőtálban keverje össze a friss narancslevet, a vizet és a mézet (vagy agavé nektárt), amíg jól el nem keveredik.

b) Öntsük a keveréket fagylaltkészítőbe, és fagyasszuk le a gyártó utasításai szerint. Alternatív megoldásként a keveréket egy edénybe öntheti, és lefagyaszthatja a fagyasztóban, amíg el nem éri a sorbet állagot.

c) Ha kész a narancssorbet, kanalazzuk Prosecco poharakba.

d) Töltsük fel a sorbetet Prosecco-val.

94. Bodzavirág vérnarancs Koktél

ÖSSZETEVŐK:

- 750 ml-es üveg Prosecco
- 8 teáskanál ezüst tequila
- 8 teáskanál bodza likőr
- ⅓ csésze frissen facsart vérnarancslé
- 1 vérnarancs, vékonyra szeletelve a díszítéshez (elhagyható)

UTASÍTÁS:

a) Ha szükséges, helyezzen egy vékony szelet vérnarancsot mind a négy Prosecco fuvolába, hogy elegáns díszítést kapjon.

b) Minden Prosecco fuvolába öntsön 2 teáskanál ezüst tequilát, egyenletesen elosztva.

c) Ezután adjunk hozzá 2 teáskanál bodza likőrt minden fuvolához.

d) Ugyanígy osszuk el a frissen facsart vérnarancslevet a négy Prosecco fuvola között. Minden furulya valamivel kevesebb, mint 4 teáskanál gyümölcslevet kapjon.

e) Óvatosan öntse a Prosecco-t mindegyik furulyába, és hagyja, hogy a buborékok leülepedjenek az öntések között. Töltsön meg minden poharat a széléig Prosecco-val.

f) Azonnal tálalja a Bodzavirág vérnarancsos Prosecco-t, és élvezze az ízek és a pezsgés gyönyörű kombinációját.

95. Prosecco és narancslé Koktél

ÖSSZETEVŐK:

- 1 üveg Prosecco
- 2 csésze narancslé
- Díszítésnek narancsszeletek

UTASÍTÁS:

e) A Prosecco fuvolákat félig töltse meg hűtött Proseccoval.

f) Felöntjük a poharakat narancslével.

g) Díszítsen minden poharat egy narancsszelettel.

h) Azonnal tálaljuk, és élvezzük a frissítő Prosecco Prosecco-t.

96. Maracuja Koktél

ÖSSZETEVŐK:

- 1 csésze hűtött Prosecco
- ½ csésze hűtött maracuja nektár vagy gyümölcslé

UTASÍTÁS:

a) A lehűtött Prosecco-t egyenletesen elosztjuk két pohár között.
b) Töltsön fel minden italt hűtött maracuja nektárral vagy lével. Minden pohárba 3-4 evőkanál nektárt vagy gyümölcslevet adhatunk.
c) Óvatosan keverje össze a keveréket, hogy az ízek összeérjenek.
d) Azonnal tálalja a Passion Fruit Prosecco-t, és élvezze a maracuja édes és trópusi ízét a pezsgő Prosecco-val kombinálva.
e) Ez az egzotikus és frissítő koktél tökéletes egy különleges villásreggelihez, ünnepléshez, vagy egyszerűen csak egy kellemes itallal kényeztetheti magát.
f) Kóstolja meg ezeknek a Passion Fruit Proseccóknak az egyedi és elragadó ízét! Egészségére!

97. Őszibarack Prosecco koktél

ÖSSZETEVŐK:

- 2 csésze őszibarack nektár, hűtve
- 1 ⅓ csésze narancslé, hűtve
- ⅔ csésze grenadinszirup
- 1 üveg brut Prosecco, hűtve

UTASÍTÁS:

a) Egy nagy kancsóban keverjük össze a lehűtött őszibarack nektárt és a narancslevet. Jól keverjük össze, hogy az ízek összekeveredjenek.

b) Vegyünk 10 Prosecco poharat, és minden pohárba kanalazunk 1 evőkanál grenadinszirupot.

c) Öntsön körülbelül ⅓ csésze narancslé keveréket minden Prosecco pohárba a grenadinszirupra.

d) Végül minden pohár tetejére hűtött Prosecco-t teszünk, és színültig töltjük.

e) Azonnal tálalja a Peach Prosecco-t, hogy élvezze a pezsgő és gyümölcsös finomságot.

f) Ezek az elragadó Prosecco-k tökéletesek ünnepi alkalmakra, villásreggelire, vagy bármikor, amikor egy csipetnyi barack édességet szeretne adni a napjának.

g) Gratulálunk a Peach Prosecco finomságához! Élvezze felelősségteljesen, és élvezze az ízek elragadó keverékét.

98. Ananász Prosecco koktél

ÖSSZETEVŐK:

- Egy 750 milliliteres üveg Prosecco
- 2 csésze ananászlé
- ½ csésze narancslé
- Narancsszeletek, tálaláshoz
- Ananászszeletek, tálaláshoz

UTASÍTÁS:

a) Keverje össze a Prosecco-t, az ananászlevet és a narancslevet.

b) Keverjük jól össze.

c) Töltsük meg a Prosecco poharakat, és tálalás előtt adjunk hozzá gyümölcsszeleteket a peremére.

99. Prosecco Sangria

ÖSSZETEVŐK:

- 3 csésze gyümölcslé
- 3 csésze friss gyümölcs (ha szükséges, szeletelve vagy kockára vágva)
- ½ csésze gyümölcslikőr (például Cointreau, Grand Marnier vagy Chambord)
- 1 üveg száraz Prosecco, hűtve

UTASÍTÁS:

a) A gyümölcslevet, a gyümölcsöt és a likőrt egy nagy üvegben (vagy kancsóban, ha egyből tálaljuk) összekeverjük, és legalább 1 órán át hagyjuk keveredni az ízeket.

b) Ha van hely a hűtőben, tartsa a keveréket hűtve felhasználásig.

c) Adja hozzá a Proseccót az üvegbe (vagy kancsóba), és azonnal tálalja.

d) Alternatív megoldásként megtöltheti az egyes poharak körülbelül egyharmadát a lé keverékkel, és megtöltheti Prosecco-val.

100. Eper Prosecco koktél

ÖSSZETEVŐK:

- 2 uncia narancslé
- 2 uncia eper
- ½ uncia eperszirup
- 4 uncia Prosecco

UTASÍTÁS:

a) A narancslevet, az epret és az eperszirupot turmixgépben simára keverjük.
b) Egy koktélos pohárba töltjük.
c) A tetejére Prosecco.
d) Díszítsük egy eperrel és egy narancsszelettel.

KÖVETKEZTETÉS

Amint a „BUBORÉKOK ÉS FARAPÁSOK: A PROSECCO VÉGREHAJTÁSA" végéhez érünk, reméljük, hogy élvezte ezt az utazást a Prosecco-val átitatott élvezetek világába. Receptek széles skáláját vizsgáltuk meg, a reggelitől a harapnivalókig és a főételekig, amelyek mindegyike a Prosecco csillogását és eleganciáját jellemzi. Az ízek és a kreativitás kalandja volt, felfedezve, hogy a Prosecco miként képes finomítani az édes és sós ételeket, és egy csipetnyi kifinomultságot adni a kulináris repertoárnak.

Reméljük, hogy ez a szakácskönyv inspirált arra, hogy kísérletezzen a Prosecco-val a konyhájában, így emlékezetes ételeket és élményeket készíthet magának és szeretteinek. Ne feledje, a Prosecco nem csak egy ital különleges alkalmakkor való pirításhoz – ez egy sokoldalú összetevő, amely feldobja a mindennapi főzést, és minden étkezésbe egy kis ünneplést kölcsönöz.

A kényeztető villásreggeli koktéloktól a remek vacsorapárosításokig a Prosecco bebizonyította, hogy képes az ételek széles választékát feljavítani és kiemelni. Tehát továbbra is fedezze fel a Prosecco kulináris lehetőségeit, és töltse át receptjeit élénk ízeivel és pezsgéseivel. Ossza meg alkotásait barátaival és családjával, és élvezze az új és ízletes ízek felfedezésének örömét.

Reméljük, hogy a "BUBORÉKOK ÉS FARAPÁSOK: A PROSECCO VÉGREHAJTÁSA" felkeltette kreativitását, és újonnan megismerte a Prosecco varázsát a konyhában. Üdv a kulináris kalandokhoz és a Prosecco-val átitatott élvezetek elragadó világához!

www.ingramcontent.com/pod-product-compliance
Lightning Source LLC
Chambersburg PA
CBHW071314110526
44591CB00010B/878